W0348873

Kindergartenfrei
in der Praxis

tologo verlag

Bibliographische Informationen der Deutschen Nationalbibliothek: Die Deutsche Nationalbibliothek verzeichnet diese Publikation in der Deutschen Nationalbibliographie. Detaillierte bibliographische Informationen sind über http://dnb.d-nb.de abrufbar.

Coverdesign: Dalia Hochbach
Coverbild: S. Borisov – shutterstock.com

1. Auflage 2018

ISBN: 978-3-937797-77-9 (Print)
www.tologo.de

Kindergartenfrei
in der Praxis

Wie du als Mutter Selbstbetreuung und
Selbstverwirklichung unter einen Hut bekommst

Sophie Mikosch

tologo verlag

Inhalt

Vorwort

Liebe Leserin, liebe selbstbetreuende Mutter,

Kinder, die bis zu ihrem dritten Lebensjahr zu Hause betreut werden, stellen in Deutschland heutzutage ja schon eher die Ausnahme dar.

Doch wenn dein Kind sogar nach seinem dritten Geburtstag noch zu Hause bleibt, anstatt in den Kindergarten zu gehen, häufen sich sicherlich die Fragen und kritischen Kommentare aus deinem Umfeld.

Entgegen der allgemein üblichen Norm, schnell in den Beruf zurückzukehren, hast du dich dafür entschieden, dein Kind selbst zu betreuen. Oder du spielst mit dem Gedanken, es in Zukunft zu tun. Dazu gehört eine gute Portion Selbstbewusstsein und ich finde es toll, dass du mit deiner Familie den Weg gehst, der für euch am besten passt.

Obwohl es im Buchtitel »kindergartenfrei« heißt, eignet sich mein Buch auch für Mütter, die schon vor dem Kindergartenalter auf die regelmäßige Fremdbetreuung ihrer Kinder verzichten.

Vielleicht war für dich von Anfang an klar, dass du dein Kind zu Hause betreuen würdest. Oder ihr seid erst nach einer gescheiterten Eingewöhnung auf diesen Weg gekommen. Auf jeden Fall bist du jetzt vorerst dafür verantwortlich, den Alltag mit Kind alleine zu organisieren.

Die Alltagsorganisation mit Kind ist ja schon für sich gesehen eine tägliche Herausforderung. Doch wenn du mit deiner Lebensweise dann auch noch gegen den Strom schwimmst, wird es noch schwieriger. Die gute Nachricht ist: *Du bist nicht alleine!*

Immer mehr Mütter vertrauen auf ihre Intuition. Sie wollen ihre Kinder selbst begleiten, anstatt sie in eine Einrichtung zu schicken, von der sie nicht zu hundert Prozent überzeugt sind.

Wir Selbstbetreuerinnen sind natürlich keine Helikopter-Mütter, auch wenn uns das gelegentlich nachgesagt wird. Im Gegenteil, wir sind informierte und reflektierte Mütter, die Verantwortung übernehmen. Wir machen uns stark für unsere Kinder und ermöglichen ihnen eine freie Kindheit, in der wir sie achtsam, liebevoll und respektvoll begleiten. Dies ist unsere tägliche Herausforderung und Lernerfahrung.

Doch auch bei der liebevollsten Grundhaltung und tiefsten Überzeugung für die Richtigkeit unseres Weges kommt es vor, dass im Alltag heftig der Schuh drückt.

Vielleicht kommen dir die folgenden Gedanken bekannt vor:

- Du fühlst dich mit deiner Einstellung alleine und bist im Alltag einsam, weil dir die Kontakte fehlen.
- Du bist unzufrieden mit eurem unstrukturierten Tagesablauf.
- Du bist vom Haushalt überfordert.
- Du hast keine ruhige Minute mehr für dich oder mit deinem Partner.
- Du fühlst dich finanziell abhängig.
- Du möchtest dich gerne selbst verwirklichen, weißt aber nicht, wie das gehen könnte.

In all diesen Situationen brauchst du konkrete Tipps für die Praxis und Antworten auf deine Fragen. Genau diese möchte ich dir mit meinem Buch geben. Es ist als Praxis-Ratgeber für den Alltag gedacht. Wissenschaftliche Hintergründe zur Fremd- oder Selbstbetreuung möchte ich dabei außen vor lassen.

Vielleicht hast du noch Zweifel oder Fragen dazu, wie Selbstbetreuung in der Praxis für dich funktionieren kann. Dann erhältst du auf den folgenden Seiten Einblicke in die Umsetzung von kindergartenfrei oder kitafrei im Alltag. Und falls du dich bereits für Selbstbetreuung entschieden hast, kann dich mein Buch dabei unterstützen, deinen selbstbestimmten Weg zu gehen.

Im Folgenden gebe ich dir einen groben Überblick über die einzelnen Buchkapitel:

Im ersten Kapitel möchte ich dir dabei helfen, dich mit Gleichgesinnten zu vernetzen. Sowohl online als auch im »realen Leben« gibt es zahlreiche Möglichkeiten, Kontakt zu anderen kindergartenfrei lebenden Familien zu knüpfen. Nutze sie!

Im zweiten Kapitel geht es darum, wie du euren Alltag durch Rituale und bestimmte Tagesabläufe gestalten und optimieren kannst. Zudem stelle ich dir verschiedene Möglichkeiten zum Zeit- und Haushaltsmanagement vor, die dich dabei unterstützen können, den Alltag zu wuppen.

Anschließend folgt das dritte Kapitel mit dem wichtigen Thema Selbstfürsorge. Dieses Kapitel liegt mir sehr am Herzen. Leider gelingt es vielen Müttern nicht, sich neben Haushalt und Kinderbetreuung noch Freiräume für sich selbst zu schaffen. So landen sie schnell im Aufopferungs-Modus und vergessen sich selbst dabei völlig, bis es irgendwann zu spät ist und im kompletten Zusammenbruch endet. Das muss und darf nicht sein! In diesem Kapitel erfährst du, wie du dir Ruhepausen gemeinsam mit und ohne Kinder einrichten kannst, welche Möglichkeiten der Unterstützung es für dich gibt und was das Ganze mit deiner inneren Einstellung zu tun hat.

Im vierten Kapitel geht es ums Geldverdienen: Welche beruflichen Wege bieten sich für selbstbetreuende Mütter von zu Hause aus an? Und bei welchen dieser Tätigkeiten kannst du deine Kleinkinder vielleicht sogar mitnehmen?

Im fünften Kapitel kannst du schließlich in zehn abwechslungsreichen Erfahrungsberichten schmökern; geschrieben von Müttern, die bereits mit ihren Kindern kindergartenfrei leben. Lass dich von ihren Erfahrungen inspirieren und vielleicht gewinnst du alleine daraus wertvolle Impulse, die deinen Alltag bereichern.

Zum Abschluss meines Buches geht es dann an die konkrete Umsetzung: Ich möchte dich dazu anregen, ins Handeln zu kommen und die ersten Schritte in Richtung eines zufriedeneren Alltags zu gehen.

Damit du die Themen, die dich näher interessieren, sofort und unkompliziert vertiefen kannst, habe ich auf meiner Website eine Bonus-Seite für dich eingerichtet (Link siehe Anhang). Du findest dort sämtliche Links und Empfehlungen aus diesem Buch noch einmal übersichtlich aufgelistet.

Mache dich auf den Weg! Reflektiere deinen Alltag ohne Kindergarten. Noch heute kannst du die ersten meiner Tipps und Impulse für dich umsetzen. Los geht's!

Alles Gute für dich.

PS: Liebe Väter, ich habe bewusst die Entscheidung getroffen, mich in diesem Buch sprachlich ausschließlich an Mütter zu richten. Trotz aller Fortschritte im Bereich Gleichberechtigung sind einfach noch weitaus mehr Mütter als Väter selbstbetreuend zu Hause. Dennoch sind die meisten meiner Impulse natürlich für euch genauso geeignet und umsetzbar.

Kindergartenfrei: Gemeinsam statt einsam!

Ich bin der Meinung, der wichtigste Faktor für ein glückliches kindergartenfreies Familienleben ist ein gutes Netzwerk. Deshalb widme ich mich dem Thema Vernetzung gleich zu Beginn.

Wenn du weder gute Freundschaften noch Verwandte oder andere kindergartenfreie Familien in deiner näheren Umgebung hast, kann der Alltag manchmal ganz schön einsam und herausfordernd für dich werden.

Nicola Schmidt vom artgerecht-Projekt drückte es einmal folgendermaßen aus: »Bedürfnisorientierte Erziehung plus es *alleine schaffen wollen* – das ist ein Ticket für eine krasse Fahrt mit Endstation Burn-out. Eltern brauchen einen Clan.«

Und das gilt nicht einmal ausschließlich für kindergartenfreie Familien, aber für uns umso mehr.

Das Gute ist, die Gemeinschaft und das Netzwerk, das du brauchst, kannst du dir jederzeit aufbauen. Die Zahl der kindergartenfrei lebenden Familien wächst stetig. Dank Internet ist es für uns einfacher als je zuvor, uns untereinander zu vernetzen.

Zunächst möchte ich jedoch auf die Möglichkeiten eingehen, die du hast, um ohne Internet (offline) in Kontakt mit anderen Familien zu kommen.

Offline-Vernetzung

Zettel aushängen

Auf dem Spielplatz trifft man leider nicht mehr so einfach andere Familien. Zumindest bei uns im Ort sind die Spielplätze an Wochentagen vor etwa 16 Uhr meist wie ausgestorben. Um dennoch Familien aus der nahen Nachbarschaft kennenzulernen, könnt ihr entweder hoffen, dass ihr irgendwann zufällig jemanden auf dem Spielplatz antrefft, oder ihr hinterlasst einen Zettel mit einer Nachricht, wie zum Beispiel: »Leider sind wir hier meistens alleine zum Spielen. Wenn es dir ähnlich geht und du Lust auf gemeinsame Spielplatzbesuche hast, freue ich mich über eine Nachricht unter folgender Nummer oder E-Mail-Adresse …«

Generell ist es eine gute Idee, Zettel auszuhängen, aber meiner Meinung nach eher eine unterschätzte Möglichkeit, Kontakte zu knüpfen. Bei uns gibt es zum Beispiel im Bio-Laden, im Supermarkt und vor dem örtlichen Rathaus eine Pinnwand, an die man seine privaten Zettelchen hängen kann. Zur Not reicht auch ein Laternenpfahl …

Ich habe über solche Aushänge schon richtig gute Freundschaften und einmal sogar zufällig eine Bekannte von früher (wieder)gefunden. Immer wieder klagen Mütter darüber, dass sie in ihrer Umgebung keine Kontakte finden. Wenn ich dann frage, ob sie schon mal einen Zettel ausgehängt hätten, kommt dann meist ein zögerliches »Nein«. Also trau dich, es lohnt sich!

Inserat im lokalen Mitteilungsblatt

Auch das ist meist nicht besonders teuer und durchaus erfolgversprechend.

Eltern-Kind-Cafés

Falls es in deinem Ort ein Eltern-Kind-Café gibt oder generell ein Café, in dem Kinder willkommen sind, kannst du dich auch dort gut vernetzen. Gerade vormittags sind diese Cafés nicht so voll und die Wahrscheinlichkeit, andere Selbstbetreuer zu treffen, ist dann sogar höher.

Eltern-Kind-Kurse

Halte Ausschau nach lokalen Eltern-Kind-Angeboten. Was gibt es in deiner Stadt bereits? Yoga? Musik? Turnen? Bietet die Volkshochschule Kurse an? Gibt es bei der Stadtbibliothek Veranstaltungen speziell für Kinder? Wenn du nichts findest, biete selbst etwas an (siehe »Kindergartenfrei und Berufstätigkeit«). Andere Eltern werden dir dankbar dafür sein.

Familienurlaube

Wenn du auch gerne Kontakte mit Familien knüpfst, die nicht unbedingt in der gleichen Stadt wohnen, bietet sich mit einem Urlaub eine gute Gelegenheit. Entweder in speziellen Familien-Ferienanlagen oder -Campingplätzen oder bei einem gemeinschaftlichen Urlaub. Letzteres bedeutet, dass ihr euch bei einem organisierten Familienurlaub anmeldet. Es gibt zum Beispiel diverse Angebote an Familiencamps in Natur oder Wildnis, doch auch viele andere Themenbereiche (Wandern, Kanu fahren …). Im Internet findest du dafür zahlreiche Möglichkeiten.

Falls du dich als alternativ oder Öko bezeichnen würdest und es dir wichtig ist, Familien kennenzulernen, die ähnlich denken, kannst du auf meiner Website Mütterimpulse, die aktuell geplanten Familienurlaube finden. Ich möchte diesen Bereich nach und nach ausbauen, weil er mir sehr viel Freude bereitet.

Ein gemeinsamer Urlaub hat den Vorteil, dass man wirklich über mehrere Tage intensiv die Gelegenheit hat, sich kennenzulernen. Eventuell entstehen Kontakte für zukünftige gemeinsame Unternehmungen, Urlaube oder einfach gegenseitige Besuche.

Andere Eltern direkt ansprechen

Dieser letzte Tipp klingt vielleicht so banal wie der erste, aber er kann Überwindung kosten: Sprich andere Eltern an, vielleicht bevorzugt solche, die vormittags mit ihren Kindern unterwegs sind! Vielleicht kommst du dir komisch dabei vor, auf offener Straße Eltern anzusprechen. Aber was soll schon passieren, mehr als eine Absage kannst du dir nicht einhandeln. Wirf deine Zweifel über Bord und trau dich auch hier! Du kannst das!

Online-Vernetzung

Du bist in deiner Umgebung mit meinen offline-Tipps noch nicht weitergekommen? Dann bietet das Internet immer noch eine Fülle an Möglichkeiten, um Kontakte zu knüpfen. Im Folgenden stelle ich dir einige davon vor:

Kleinanzeigen-Portale

Sozusagen die »online-Variante« des Laternenpfahl-Aushangs. Veröffentliche dein Interesse als »gesucht« auf diversen bekannten und kostenlosen Kleinanzeigen-Portalen, wie eBay Kleinanzeigen, Quoka, Naturkost.de. Größere Städte haben häufig sogar eigene schwarze Bretter im Internet oder eigene Kleinanzeigen-Portale.

Facebook-Gruppen

Ich war selbst langjährige »Facebook-Verweigerin« wegen datenschutzrechtlicher Bedenken. Doch inzwischen bin ich froh, dass ich mich doch noch angemeldet habe. Viele meiner lokalen Kontakte fand ich direkt auf Facebook oder über »Facebook-Freunde«. Dort tummelt sich einfach eine große Menschenmenge, da ist die Wahrscheinlichkeit groß, dass auch ein, zwei oder ein paar mehr ähnlich gesinnte Familien aus deiner Umgebung dabei sind.

Du musst nach deiner Anmeldung bei Facebook ja nicht gleich dein Privatleben mit der ganzen Welt teilen oder virtuelle »Freunde« ansammeln. Es genügt, wenn du nur vorübergehend in den richtigen Gruppen vorbeischaust, um dort zu netzwerken. Danach kannst du deinen Account auch wieder problemlos löschen.

Welches sind nun die richtigen Gruppen? Zunächst findet man über die Website Kindergartenfrei.org zahlreiche Facebook-Gruppen, nach Bundesländern und einigen Städten sortiert.

Dann gibt es noch einige nicht speziell kindergartenfrei, jedoch thematisch ähnliche Gruppen für bindungsorientiertes Familienleben, in denen du gleichgesinnte Familien finden kannst.

Häufig gibt es in diesen Gruppen dann entweder einen Beitrag oder eine angelegte Datei, in der die jeweiligen Mitglieder ihre Postleitzahl zu Vernetzungszwecken angegeben haben. Du findest die Links zu empfehlenswerten Facebook-Gruppen auf der Bonus-Seite zum Buch.

Mama-Foren im Internet

Neben Facebook gibt es auch verschiedene Foren, in denen sich Mamas über (Nicht-)Erziehung, Selbstbetreuung und vieles andere austauschen. Hier möchte ich folgende drei Foren nennen, in denen die Mütter (bzw. Eltern) einen tollen Umgang miteinander pflegen und du eher alternative Mamas kennenlernen kannst:

- *NFP-Forum.de* – rund um die Natürliche Familienplanung und weitere Frauenthemen
- *Stillen-Und-Tragen.de* – Attachment Parenting und andere Themen
- *Rabeneltern.org* – Rabeneltern-Forum für Eltern, die alternative Wege gehen

Nachbarschaftsportale

Es gibt im Internet inzwischen mehrere Nachbarschaftsportale, am bekanntesten ist vermutlich Nebenan.de. Dort kannst du dich registrieren und dich dann mit deinen Nachbarn vernetzen. Natürlich geht das auch, indem du an deren Haustür klingelst! Aber mal ehrlich … Wer macht das heutzutage noch?

Die Website ist außerdem dafür gedacht, nachbarschaftliche Projekte ins Leben zu rufen, wie Hof-Flohmärkte, Straßenfeste etc. Aber auch, wenn du einmal kurz Hilfe brauchst, um ein Regal aufzubauen, oder ein Werkzeug ausleihen willst, kannst du dort fündig werden.

So eine Seite funktioniert umso besser, je mehr Menschen daran teilnehmen. Die Chancen stehen natürlich in größeren Städten besser, ein bereits aktives Nachbarschaftsnetz zu finden. Aber auch hier kannst du den Anfang machen. Jemand muss es ja tun!

Online Vernetzungs-Landkarten

Auf Kindergartenfrei.org kannst du dich in eine Vernetzungslandkarte eintragen oder andere kindergartenfreie Familie aus deiner Umgebung kontaktieren.

Falls du dich generell über den Kontakt zu gleichgesinnten alternativen oder Öko-Familien freust, trage ich dich gerne auch auf meiner wachsenden Öko-Mama-Landkarte ein und vernetze dich.

Über Kindergartenfrei.org

Hinter der Website Kindergartenfrei.org steht eine Bewegung, deren Ziel es ist, Eltern Mut zu machen, die Kinderbetreuung selbst in die Hand zu nehmen. Eine Online-Community bietet die Möglichkeit, sich direkt mit anderen kindergartenfrei lebenden Familien zu vernetzen. Zum weiteren Hintergrund von Kindergartenfrei.org habe ich der Gründerin Alexandra Traxel drei Fragen gestellt.

Alexandra verbrachte die ersten dreißig Jahre ihres Lebens in Berlin, wo auch ihre beiden Kinder geboren sind. Seit 2016 lebt sie mit ihrer Familie in einem französischen Dorf an der deutschen Grenze.

Alexandra, wie seid ihr in eurer Familie zu kindergartenfrei gekommen?

Lange bevor ich ein Kind hatte, war ich schon der Meinung, dass ein Kind unter drei Jahren nicht in den Kindergarten/Kinderkrippe oder zur Tagesmutter gehört. Mir war intuitiv völlig klar, dass ein Kind zu seiner Familie gehört. Als meine Tochter dann vor einigen Jahren geboren wurde, war ich mir jedoch immer noch sicher, dass ein Kindergarten mit drei Jahren dann einfach dazu gehört. Ich wurde praktisch auch gedrängt, das zu glauben. Sobald das kleine Baby auf der Welt war, wurde ich von allen Seiten gelöchert: »Hast du schon einen Kita- oder Kindergartenplatz?«

Und da man in Berlin unter Umständen drei Jahre auf den Super-Platz warten musste, machten wir uns irgendwann vor dem ersten Geburtstag tatsächlich auf die Suche nach der »Super-Kita«.

Die »Super Kita«. Irgendwo musste sie doch sein. Nur wo? Etwas richtig Gutes haben wir nicht gefunden. Aber eine Kita, die ich als »halbsuper« bezeichnen würde. Immerhin ein Betreuungsschlüssel von 1:4. Wo gibt es das schon? Nah am Wald, Werkräume, Kitagarten mit angebautem Obst

… Eine wirklich schöne Einrichtung.

Und dann begann es. Nun fing ich an, mir selbst und auch anderen viele Fragen zu stellen:

- Soll ich meine Tochter wirklich sechs Stunden am Tag von einer Person betreuen lassen, die ich nicht wirklich kenne?
- Welche Werte hat diese Person?
- Welche Charakterschwächen und welche Charakterstärken?
- Welche Träume?
- Wie geht sie auf mein Kind ein, wenn mein Kind eine Frage hat?
- Wie reagiert sie, wenn mein Kind weint?
- Was macht sie, wenn mein Kind zu mir will?
- Was wird sie meinem Kind in diesen sechs Stunden erzählen?
- Wie wird diese Frau mein Kind prägen?
- Will ich überhaupt, dass ein fremder Mensch mein Kind so stark prägt?

Ich wurde innerlich unsicherer.

Aber äußerlich war es jetzt klar. Meine Gedanken drehten sich damals um Folgendes: »In zwei Jahren wird mein Kind wohl sechs Stunden pro Tag in diese Kindertagesstätte gehen müssen. Direkt am Wald gelegen. Irgendwie schon idyllisch. Trotzdem komisch zu wissen, dass wir noch zwei Jahre zusammen haben werden und dann wird mein Kind die Zeit des Tages, an dem es ausgeschlafen und wirklich aufnahmefähig ist, mit einer anderen Person teilen. Und mit Kindern. Kinder, die ich auch nicht wirklich kenne. Aber immerhin ist sie dann schon drei Jahre alt. Mit drei Jahren wird sie sicher sprechen können. Dann ist das alles halb so schlimm. Und ich muss dann halt mal gucken, wie ich das mit der Arbeit hinbekomme. Immerhin vier Stunden Arbeitszeit am Tag plus verpflichtende Samstage. Notfalls muss sie jemand anders abholen. Denn ich brauche eigentlich achtzig Minuten für den Arbeitsweg. Und falls ich mal länger machen muss … Das ist schon alles ungünstig.«

Aber mein Kind länger als sechs Stunden irgendwo abgeben, das wollte ich auf keinen Fall. Ich war mir sicher: sechs Stunden sind die oberste Grenze.

Also ging das Gedankenkarussell weiter: »Wenn ich mir mal ausrechne, was ich bei meiner Steuerklasse verdiene mit einem Zwanzig-Stunden-Job: Unbefriedigend. Für diese Summe wirklich mein Kind abgeben? Natürlich! Es machen ja alle so. Die Gesellschaft gibt es mir doch so vor. Also nicht viel nachfragen. Die Kita ist ja ganz gut. Immerhin ...«

Und dann kam Franzi.

Da saß ich nichtsahnend mit einer Mama zusammen und irgendwie kamen wir auf das leidige Kindergartenthema. Und dann hörte ich zum ersten Mal den Satz, der mich erst einmal völlig aus der Bahn geworfen hat. Franzi sagte doch allen Ernstes: »Meine Kinder gehen gar nicht in den Kindergarten.« Uff, der hatte gesessen. Das wollte ich nun genau wissen.

Franzi ist eine Mama, die viele meiner Überzeugungen teilt. Die ich von Anfang an als kompetent und authentisch angesehen habe. Sie hatte ein Familienbett, stillte ihre Kinder (sogar Tandem) und trug sie auf dem Rücken. Schreiprogramme waren auch bei ihr völlig abgeschrieben.

Aber warum um alles in der Welt nun kein Kindergarten? »Hmmm ... also Alex, wie du weißt bin ich Erzieherin. Ich habe viel erlebt, viel gelernt und kann mir absolut nicht vorstellen, dass meine Kinder fremdbetreut werden.« So oder so ähnlich fiel die Antwort aus. Dann stiegen wir etwas tiefer in das Thema ein und was soll ich sagen, ich fing an, mich intensiv damit auseinander zu setzen.

Irgendwie merkte ich, dass alle meine Sorgen wie weggeblasen waren, bei dem Gedanken, dass meine Tochter nicht in zwei Jahren von einer Frau betreut wird, die ich gar nicht kenne. Ich fragte meine Mitmenschen aus. Ich recherchierte online. Ich hörte mir haufenweise Vorträge an und las viele Berichte und Bücher.

Mittlerweile gibt es für mich nichts Besseres, als mein Kind selbst zu betreuen. Mindestens 50 Argumente habe ich dafür gesammelt. Und es werden täglich mehr. Es gibt einfach nichts Schöneres, als sein Kind zu Hause aufwachsen sehen zu können.

Was steckt hinter der Seite Kindergartenfrei.org? Wofür ist sie gedacht?

Mit der Entscheidung, kindergartenfrei zu leben, standen wir damals vor einigen Problemen. Es gab eigentlich keine Spielkameraden für unsere Kinder, weil über 90 Prozent der Kinder in einer institutionellen Betreuung untergebracht sind. Wenn diese Kinder Freizeit hatten, verbrachten sie diese meistens mit der Familie, was auch nachvollziehbar ist, aber für uns eher ungünstig war. Aus diesem Grund vernetzten wir uns erst einmal über Facebook-Gruppen mit anderen kindergartenfrei lebenden Familien. Diese Gruppen wuchsen ziemlich schnell. Mit unseren neuen Kontakten überlegten wir dann, wie wir auch außerhalb von Facebook Familien erreichen konnten. Aus diesem Grund gründeten wir Kindergartenfrei.org und später dann die Community.

Es ist mir sehr wichtig, dass kindergartenfreie Familien die Möglichkeit haben, sich zu vernetzen und zum Spielen oder zu anderen gemeinsamen Aktivitäten zu verabreden. Nach der Registrierung auf unserer Website, kann man nach Familien in seiner Umgebung suchen und diese kontaktieren.

Was ist eure Vision hinter Kindergartenfrei.org und was plant ihr für die Zukunft?

Unser vorrangiges Anliegen ist die Vernetzung! Wir wünschen uns, dass jede Familie in ihrem Umfeld genügend Freunde hat und nicht einsam ist. Ideen für den Ausbau der Website und Community gibt es viele. Wir werden immer mehr Selbstbetreuer und diese möchten wir auf unterschiedlichen Kanälen erreichen und unterstützen. Wir wünschen uns, dass alle Eltern hinterfragen, wie sie ihre Kinder aufziehen wollen und dass das Thema noch mehr im Mainstream ankommt. Wir wünschen uns echte Wahlfreiheit, was die Kinderbetreuung angeht. Außerdem möchten wir Ansprechpartner für Familien sein, die noch unentschlossen sind.

Kindergartenfrei im Alltag

Eine häufig gestellte Frage an Selbstbetreuer ist die, wie sie ihren Alltag verbringen und ob ihnen zu Hause nicht die Decke auf den Kopf falle. Hierzu sei als Erstes gesagt: Ja sicher, wenn wir die ganze Woche nur alleine zu Hause herumhingen, würden wir uns vermutlich irgendwann langweilen. Jedoch nutzen die meisten kindergartenfrei lebenden Familien ihre Zeit und sind viel draußen oder unterwegs, häufig auch mit befreundeten Familien.

In diesem Kapitel geht es um das tägliche praktische Leben: Wie kann ein kindergartenfreier Tagesablauf gestaltet werden? Welche Rituale oder Strukturen kannst du einführen? An welchen Orten dürfen Kinder heute noch frei spielen und kreativ sein, ohne Förderungsmaßnahmen oder Leistungsdruck ausgesetzt zu sein? Und dann geht es noch um den lieben Haushalt: Wie schaffst du es Putzen, Kochen, Einkaufen und Kinderbetreuung unter einen Hut zu bekommen? Und, ganz wichtig: Wie kannst du Freiräume für Paarzeit und Zeit für dich schaffen?

Besondere Unternehmungen

Als kindergartenfrei lebende Familie habt ihr den Luxus, viel Zeit zur freien Verfügung zu haben. Kinder, die erst nachmittags aus der Betreuung abgeholt werden, sind häufig schon viel zu erledigt für größere Unternehmungen. Du dagegen kannst schon in den Morgenstunden, wenn alle noch voller Energie sind, Ausflüge mit deinen Kindern machen. Für manche Ziele kann es sogar von Vorteil sein, dass die meisten anderen Kinder fremdbetreut werden. Ich denke da zum Beispiel an das leere Freibad oder Hallenbad, wenn man vormittags geht. Aber natürlich sind auch Tierparks oder Wasserspielplätze vormittags noch nicht so überfüllt. Gerade im Hochsommer könnt ihr die Zeit wunderbar nutzen, bevor die Mittagshitze kommt.

Wie viele Ausflüge ihr macht oder wie häufig ihr andere Familien trefft, kommt auch auf das Alter und die Anzahl deiner Kinder an. Sind drei Geschwisterkinder im Alter von drei, fünf und sechs Jahren gemeinsam zu Hause, kommt dort vermutlich eher selten Langeweile auf. Bei Einzelkindern oder Kindern mit großem Altersabstand geht das schneller. Damit geht einher, dass du als Mama von nur einem Kind häufig aktiver mitspielen und für das Kind da sein musst als für zwei oder mehr Geschwisterkinder, die sich (je nach Alter) auch viel miteinander beschäftigen.

Trotzdem ist es vermutlich für alle kindergartenfrei lebenden Familien wichtig, dass die Kinder regelmäßig Kontakt zu anderen Kindern haben.

Entgegen vieler Vorurteile ist dieser Kontakt natürlich auch außerhalb des Kindergartens gut möglich. Zum Beispiel in Eltern-Kind-Kursen oder wenn sie etwas älter sind in Kinderkursen wie Musikgruppen, Turnen, Zirkus, Yoga, Waldspielgruppe usw.

Auf drei besondere Unternehmungen möchte ich an dieser Stelle noch hinweisen. Sie verbindet das Anliegen, dem Kind einfach die Möglichkeit zu geben, sich frei zu bewegen und kreativ zu entfalten. Dies steht im Gegensatz zu den üblichen Kinder-Kursen, die häufig zum Ziel haben, Kinder in irgendeiner Art und Weise zu fördern oder bewerten. Meiner Erfahrung nach ist die freie Entfaltungsmöglichkeit auch das Anliegen vieler Eltern, deren Kinder kindergartenfrei leben.

Pikler-Spielräume und Entdeckungsräume

Die ungarische Kinderärztin Emmi Pikler (1902–1984) formte ihre pädagogischen Grundsätze über Jahrzehnte im Laufe ihrer Arbeit als Leiterin eines Säuglingsheims in Budapest. Ihre Erkenntnisse scheinen zwar nicht spektakulär, geraten allerdings zunehmend in Vergessenheit: *Jedes Kind entwickelt sich in seinem eigenen Tempo und kann sich am besten entfalten, wenn es wirklich achtsam gesehen und respektiert wird.*

Ihre Ratschläge an Eltern lauten daher:

- Lass deinem Kind seine Zeit.
- Vermittele deinem Kind Sicherheit und Geborgenheit.
- Sei aufmerksam und kommuniziere respektvoll mit deinem Kind.

Im Pikler-Spielraum haben Kinder in Gruppen Gleichaltriger die Möglichkeit, sich in einer sicheren Umgebung zu bewegen und zu spielen. Die Aufgabe der Eltern ist es, ihr Kind beim Spiel aufmerksam zu beobachten, *ohne einzugreifen*, aber für das Kind da zu sein, wenn es einen braucht.

Das Spielmaterial ist dabei auf das Entwicklungsniveau der Kinder abgestimmt und regt zur Eigenaktivität an. Meist werden Gruppen ab dem Alter von sechs Monaten angeboten und in manchen Städten gibt es auch Gruppen für ältere Kinder bis ca. sieben Jahre. In einigen Spielräumen gehören regelmäßige Elternabende oder Austauschrunden mit dazu.

Ob es einen Spiel- oder Entdeckungsraum in deiner Umgebung gibt, kannst du auf folgenden Seiten herausfinden:

- Mit-Kindern-Wachsen.de
- Pikler-Spielraum.de

Da nicht alle Spielräume auf diesen Listen enthalten sind, lohnt es sich auch durchaus, nach Spielräumen in der eigenen Stadt im Internet zu suchen.

Malort nach Arno Stern

Arno Stern ist ein deutscher Pädagoge und Forscher und Vater des bekannten Freilerners André Stern. Bereits in den 1950er Jahren richtete er in Paris ein Atelier für Kinder ein, aus dem später das Konzept des Malorts entstand. Der Malort ist ein Raum, in den Kinder und Erwachsene jedes Alters kommen können, um am sogenannten Malspiel teilzunehmen. Es sind dafür keine Vorkenntnisse oder Talente nötig. Gemalt wird mit Wasserfarben und Pinseln an der Wand, auch großformatig. Es gibt im Malort keine Aufgaben und keine Zielsetzung.

Der Malort ist also keinesfalls ein Malkurs, in dem bestimmte Techniken gelernt werden, sondern wirklich ein Raum, in dem Kinder und

Erwachsene ohne Einmischung von außen und ohne Bewertung kreativ sein können.

Inzwischen gibt es bereits in vielen deutschen Städten Malorte nach Arno Stern.

Freies Schwimmen

Was ich ebenfalls faszinierend finde, aber leider noch nicht so verbreitet ist, sind bedürfnisorientierte Konzepte in Schwimmschulen. Es gibt zum Beispiel die Rochenkinder-Kurse in Berlin, die eine Alternative zu klassischen Schwimmkursen bieten: Freies Schwimmen lernen ohne Zwang und Leistungsdruck.

Ich finde, Schwimmen lernen ist für Kinder noch viel zu häufig mit Angst und Leistungsdruck verbunden. Vielleicht, weil ich es selbst so erlebt habe und es auch bei Schwimmkursen im Hallenbad beobachtete: Schneller schwimmen, tiefer tauchen, und schon als Kleinkind steht die erste Seepferdchen-Prüfung an.

Dabei wird ganz außer Acht gelassen, wie wichtig es ist, dass Kinder sich erst einmal im eigenen Tempo an das Element Wasser herantasten und es dann mit Freude und mit allen Sinnen erfahren können. Nur indem sie diese Erfahrungen machen, lernen sie, ihre eigenen Fähigkeiten und Grenzen realistisch einzuschätzen. Wenn wir sie durch Locken oder Hilfsangebote (dazu gehören auch Schwimmlernhilfen), beeinflussen, besteht das Risiko, dass sie sich überschätzen, was im Wasser lebensgefährlich werden kann.

Freies Spielen und Experimentieren im Wasser bildet die Grundlage für späteres Schwimmen lernen. Wenn Kinder mit dem Spiel im Wasser positive Emotionen verbinden und sich dort sicher fühlen, kommt das Schwimmen irgendwann ganz von alleine. Zwar nicht in einer starr gelernten Technik, die der Kopf umzusetzen versucht, aber als freie Bewegungsfreude.

Ich erwähne das unter anderem deshalb in meinem Buch, weil es meiner Meinung nach in diesem Bereich noch enormes Entwicklungs-Potential gibt.

Falls du dich für das Thema interessierst, aber keinen passenden Schwimmkurs in deiner Nähe findest oder das Schwimmen lernen lieber ganz ohne Kurs angehen möchtest: Es gibt einen Online-Video-Kurs für Eltern über freies Schwimmen, in dem auch die Gründerin der Rochenkinder-Kurse spricht. Den Link dafür findest du auf der Bonus-Seite.

Warum Kinder keine Förderungsmaßnahmen brauchen

In den vorangegangenen Abschnitten habe ich bereits betont, wie wichtig es ist, dass Kinder sich frei und in ihrem Tempo entfalten können. Manche Eltern machen sich Sorgen darüber, ob die Kinder, die ohne Kindergarten aufwachsen, ausreichend gefördert werden. Ich bin überzeugt davon, und ich bekomme es täglich bestätigt, dass Kinder in jedem Moment spielend lernen. Sie brauchen dafür keine spezielle Anleitung oder Förderung.

Ich beobachte bei meinen eigenen Kindern ganz deutlich, wie Lernen für sie mit Neugierde, Spaß und Freude verbunden ist. Und das ist es bei allen Kindern. Meistens bis zu dem Zeitpunkt, an dem das Lernen zur Pflicht wird. Dann heißt es plötzlich: »Erst musst du lernen und dann kannst du spielen«. Die Verbindung von Spielen und Lernen wird also getrennt. Ab diesem Zeitpunkt verlieren die meisten Kinder den Spaß am Lernen.

Daher mein Ratschlag: Vertraue deinen Kindern, sie werden ihren Weg schon finden und gehen. Beantworte ihre neugierigen Fragen, begleite sie beim Forschen und unterstütze sie, wenn sie nach Hilfe fragen. Der Rest wird sich von ganz alleine ergeben.

Rituale und Strukturen in den Alltag einbauen

Wenn bei euch der Kindergarten wegfällt, seid ihr an keine festen Zeiten gebunden. Ihr könnt frei in den Tag hinein leben! Ihr könnt spontan entscheiden, worauf ihr gerade Lust habt. So lange ihr euch alle wohl damit fühlt, gibt es auch keinen Grund, das zu ändern.

Dennoch können euch Rituale oder Strukturen im Tagesablauf den Alltag erleichtern. Kleine Kinder können den Verlauf der Zeit noch nicht erfassen. Es fällt ihnen noch schwer, Abläufe genügend zu überblicken. Daher lieben Kinder wiederkehrende Rituale. Diese geben ihnen ein Gefühl von Sicherheit. Rituale machen den Alltag für sie vorhersehbar und schaffen Orientierung und Stabilität. Eine Planung für die Woche oder den Monat kann das Lebensjahr in kleinere Einheiten strukturieren und so helfen, den Überblick zu behalten.

Außerdem können feste Rituale uns Eltern alltägliche Abläufe vereinfachen. So erleichtern Abendrituale zum Beispiel das Ins-Bett-gehen.

Rituale können von den Kindern mitgestaltet werden und sollten immer von allen mit positiven Gefühlen verbunden sein. Wenn ihr das Gefühl habt, sie werden für die Kinder zur Pflicht, solltet ihr die Rituale anpassen oder gegebenenfalls auch abschaffen oder ersetzen. Das ist im Verlauf der Zeit natürlich schon allein deshalb erforderlich, weil die Kinder je nach Entwicklungstand unterschiedliche Bedürfnisse haben.

Anregungen für Rituale im Familienalltag

- nach dem Aufwachen noch im Bett kuscheln
- beim Essen eine Kerze auf dem Tisch anzünden
- nach dem Frühstück täglich für eine Weile nach draußen gehen
- Naturschätze für den Jahreszeitentisch sammeln. Der Jahreszeitentisch ist ein Element aus der Waldorfpädagogik. Es ist ein fester Platz (Tisch, Fensterbank, Kommode etc.), an dem der Verlauf der Jahreszeiten dargestellt wird. Er wird mit Fundstücken aus der Natur und Jahreszeitfiguren oder Bildern dekoriert.

- kleinen »Morgenkreis« gestalten mit Liedern je nach Jahreszeit, Fingerspielen, Sprüchen …
- gemeinsam die Hausarbeit erledigen
- gemeinsames Kochen
- Essensspruch vor dem Essen
- Ruhephase nach dem Mittagessen: Auch wenn die Kinder keinen Mittagsschlaf mehr machen, kannst du in dieser Zeit kuscheln, vorlesen oder ruhiges Spiel vorschlagen
- Vor dem Schlafengehen gemeinsam aufräumen
- Gute-Nacht-Buch lesen bei gedämpftem Licht
- das gewohnte, lieb gewonnene Gute-Nacht-Lied singen
- festliche Dekoration an Geburtstagen
- das Geburtstagskind bekommt einen besonderen Frühstücksteller und darf eine goldene Krone aufsetzen

Strukturen im Wochenablauf

Wenn es dir eher schwerfällt, in den Tag hinein zu leben und du lieber einen festen Plan hast, kannst du dir auch eine Wochenstruktur für euch überlegen. Diese kann bei Bedarf einfach wieder geändert oder angepasst werden und könnte zum Beispiel so aussehen:

- Montags: ab in den Wald!
- Dienstags: in die Stadtbücherei
- Mittwochs: planschen im Schwimmbad
- Donnerstags: mit Freunden verabreden
- Freitags: auf den Spielplatz
- Samstags: zum Wochenmarkt
- Sonntags: besonderer Ausflug in die Umgebung

Weitere praktische Ideen für die Alltagsgestaltung kannst du dir auf diversen Mama-Blogs oder auf Pinterest holen. Es gibt auch viele Montessori-Blogs mit tollen Impulsen, falls dich diese Pädagogikrichtung interessiert. Auf der Bonus-Seite zum Buch liste ich dir ein paar davon auf.

Den Alltag erfolgreich managen

Eine weitere häufig an uns selbstbetreuende Mamas – insbesondere an diejenigen, die nebenher selbstständig sind – gerichtete Frage ist: Wie organisierst du den Alltag so, dass du nicht ständig hundert ToDos im Kopf hast? Oder anders gefragt: Wie schaffst du es einerseits, achtsam und entspannt bei deinen Kindern zu sein und gleichzeitig den Überblick über alle Termine und Aufgaben zu behalten?

Alles aufschreiben!
Ich persönlich bin ein absoluter Fan von Papierkalendern und ToDo-Listen. Doch auch wenn du die digitale Version bevorzugst: Aufschreiben ist wichtig. Damit du nicht ständig tausend zu erledigende Dinge im Kopf hast, schreibe alles auf! Und damit meine ich wirklich alles, also nicht nur das, was für heute oder morgen wichtig ist, sondern auch das, was du in zwei Monaten oder zwei Jahren angehen möchtest. Denn sonst hast du es immer im Hinterkopf als ein zusätzliches »Oje, das wollte ich ja auch noch eines Tages machen, komme aber nicht dazu.« Nimm dir also ein großes Blatt Papier und schreibe als Erstes sämtliche Aufgaben auf, die du im Kopf hast. Danach kannst du dann priorisieren und zum Beispiel in einem (Wand-)Kalender in der Jahresübersicht eintragen, welche größeren Projekte du bis zu welchem Zeitpunkt erledigt haben willst.

Ein weiterer Vorteil: Wenn du dir auch die kleinsten Aufgaben notierst, kannst du in kurzen freien Zeitfenstern – die sich häufig spontan ergeben – auf einen Blick sehen, was noch zu tun ist. Wenn dein Kind zum Beispiel in ein Puzzle vertieft ist und du merkst, du wirst jetzt gerade fünf Minuten nicht gebraucht, kannst du direkt ein kurzes ToDo angehen und abhaken! Ohne deine Notizen wäre es dir vielleicht zu diesem Zeitpunkt gar nicht erst eingefallen.

Wochenkalender

Für kleinere oder dringende Aufgaben kann ein Wochenplan oder Wochenkalender hilfreich sein. Ich mag den weekview-Kalender ganz gerne, aber es gibt sicher viele andere ähnliche Kalender. Der weekview-Kalender bietet auf einer Doppelseite links Platz für deine ToDos, priorisiert nach Prio A, B, C. Rechts stehen dann die Tage der jeweiligen Woche im Überblick mit ein paar Zeilen Platz für Termine oder Tages-ToDos. Außerdem gibt es pro Quartal noch einmal etwas Platz für eine ausführlichere Quartalsplanung und ganz hinten gibt es diverse Seiten für weitere Listen wie Geschenke-Ideen, Ideen für Familienausflüge, »Verliehen«-Liste und mehr.

Bullet-Journal

Ein weiteres beliebtes Kalender-Tool, vor allem für kreative »Notizbuch-Kritzel-Fans«, ist das Bullet Journal. Hierfür benötigst du ein leeres oder liniertes Notizbuch und kannst jederzeit damit anfangen. Auch das Bullet Journal arbeitet mit Listen und hat zum Ziel, dass du sämtliche Aufgaben niederschreibst und so den Überblick über sie behältst. Auf jeweils einer Seite trägst du eine Monatsübersicht ein, danach folgen die einzelnen Tage oder – je nach Vorliebe – Wochen. Falls dich das Bullet Journal näher interessiert, findest du auf YouTube jede Menge Videos und online viele Blog-Artikel, in denen die Blogger *ihr* Bullet Journal vorstellen.

Morgenseiten

Eine weitere Möglichkeit, den Kopf frei zu kriegen, sind die von Julia Cameron entwickelten Morgenseiten. Die Idee hinter dieser Methode ist es, jeden Morgen direkt nach dem Aufstehen drei DIN A4 Seiten handschriftlich zu füllen: Inhalt ganz egal. Am Anfang steht dort vielleicht jede Menge wirres oder scheinbar unwichtiges Zeug. Doch wenn es zur Routine wird, können die tollsten Sachen dabei herauskommen (siehe »Morgenstund hat Gold im Mund«).

Der geliebte Haushalt

Es sind sicher unzählige Methoden oder Techniken entwickelt worden, die es einem erleichtern sollen, den Haushalt in den Griff zu bekommen. Weil wir alle so unterschiedlich ticken, ist es schwierig, zu diesem Thema Tipps zu geben. Doch wenn dich der Haushalt zu viel Energie kostet, solltest du darüber nachdenken, etwas an deinem Haushaltsmanagement zu ändern. Und es sollte im Idealfall nicht beim Nachdenken bleiben! :-) Schau doch einmal in deiner Stadtbibliothek, welche Literatur du dazu findest und was dich anspricht.

Ich möchte hier in aller Kürze ein paar Konzepte vorstellen, die ich entweder selbst getestet oder über die ich aus erster Hand viel Gutes gehört habe. Wenn sie dich näher interessieren, besorge dir am besten ausführlichere Literatur dazu.

Minimalismus: Minimalismus ist nicht wirklich ein Konzept. Eher schon ein Lebensstil, der immer häufiger anzutreffen ist. Minimalismus bedeutet nicht nur weniger zu besitzen! Dahinter steckt die bewusste Entscheidung, sich nur noch mit Dingen zu umgeben, die einen Sinn oder eine klare Funktion haben und die glücklich machen. Damit verbunden ist häufig, allgemein den Fokus seines Lebens auf die Dinge zu richten, die einem wichtig sind. Jeder weiß, wie befreiend es sein kann, altes Gerümpel loszulassen. Entrümpeln ist sozusagen der Beginn des minimalistischen Lebensstils. Klar ist auch: Je weniger du besitzt, umso weniger Chaos und Arbeit im Haushalt hast du damit.

Magic Cleaning nach Marie Kondo: Das Buch »Magic Cleaning: Wie richtiges Aufräumen Ihr Leben verändert« der Japanerin Marie Kondo wurde schnell zum Weltbestseller. Dabei ist ihre magische Methode eigentlich ganz einfach: Behalte nur noch die Sachen, die dir Freude bereiten. Deine Aufgabe ist also auch hier: Entrümpeln. Marie Kondo hat in ihrem Buch verschiedene Tipps und Ideen gesammelt, die dir den Einstieg ins Entrümpeln vereinfachen. So wandern zum Beispiel Dinge, von denen du dich nur schwer trennen kannst, vorerst in eine genau dokumentierte Kiste im Keller. Brauchst du doch noch etwas davon, weißt du genau, wo es sich befindet. Aber wenn du dich nach einer selbst festgelegten Zeit nicht einmal mehr daran erinnerst, was in der Kiste ist, sind dir die Dinge wohl doch nicht so wichtig und du kannst dich leichter davon trennen. Nach dem Ausmisten hast du im Kleiderschrank nur noch Lieblingsteile und im Küchenschrank nur noch Geräte, die du auch wirklich benutzt. Die Autorin beschreibt auch noch weitere Aufräum-, Sortier- oder Aufbewahrungstechniken. Lies am besten einmal die Leseprobe des Buches oder Rezensionen durch. Mich hat es auf jeden Fall inspiriert.

FlyLady nach Marla Cilley: Anders als bei Magic Cleaning ist die zentrale Idee von *FlyLady*, den Haushalt in kleine Schritte aufzuteilen und jeden Tag nur ein bisschen zu machen. Die Wohnung wird dabei in verschiedene Bereiche eingeteilt und mit gestellter Eieruhr werden die Bereiche dann nur eine bestimmte Zeit lang aufgeräumt. Zum Beispiel jedes Zimmer nur zehn Minuten lang. Außerdem gibt es feste Routinen für morgens und abends bzw. bestimmte Tage. So soll es möglich sein, die Wohnung jederzeit innerhalb weniger Minuten vorzeigebereit zu machen.

FlyLady eignet sich gut für Mütter, die dazu tendieren, sich zu verzetteln, weil sie denken, alles müsse perfekt sein. Im Internet oder auf Facebook gibt es zahlreiche Blogartikel, Foren oder Gruppen zu *FlyLady*, in denen man sich gegenseitig motiviert dranzubleiben Das deutschsprachige Buch von Marla Cilley heißt »Die magische Küchenspüle: Sich selbst und den eigenen Haushalt auf Hochglanz bringen«. Für mich persönlich ist nicht alles an *FlyLady* passend, aber das Gute ist ja, dass du dir einfach die Ideen, die dich ansprechen, herauspicken kannst.

Mein aktueller Haushaltsplan-Versuch: Ich habe es in den letzten Jahren immer wieder mit einem Wochen-Putzplan versucht und verschiedene Aufgaben den jeweiligen Tagen zugeordnet. Das hat nie so wirklich geklappt, weil wir einfach oft spontan unterwegs sind. Ich brauchte also etwas Flexibleres. Momentan probiere ich Folgendes aus: Auf einer Pinnwand stehen meine sämtlichen Haushalts-ToDos pro Monat. Hinter ein ToDo pinne ich die Anzahl der Stecknadeln, je nachdem wie oft ich diese

Aufgabe im Monat erledigen möchte. In die zweite Spalte »DONE« rücke ich die Stecknadeln dann, wenn ich die Aufgabe erledigt habe.

Beispiel: Wenn ich dreimal pro Monat das Büro saugen will, stecken dort drei Stecknadeln. Habe ich dann gesaugt, rückt eine Stecknadel nach rechts in die »DONE«-Spalte.

So sehe ich immer im Überblick, welche Aufgaben noch zu erledigen sind. Ähnliches könnte man natürlich auch für die Woche machen. Aber da es bei mir einige Aufgaben gibt, die ich nicht wöchentlich mache, finde ich es so praktischer.

Das Tolle daran ist: Am Monatsanfang geht wieder alles zurück auf Start. Egal wie viel ich nun erledigt habe oder nicht. Denn es bringt ja nichts, im folgenden Monat das Büro zehnmal zu saugen, nur weil ich es in diesem Monat nicht geschafft habe. Daher habe ich jeden Monat noch mal den Ansporn es »dieses Mal zu schaffen«. Und wenn ich merke, es ist einfach nicht realistisch oder ich schaffe sogar noch mehr, dann kann ich die Anzahl der Stecknadeln anpassen.

Platz im Kinderzimmer schaffen: Wenn das Kinderzimmer regelmäßig im Chaos versinkt, ist es sinnvoll, auch hier mal auszumisten. Solange die Kinder klein sind, kannst du regelmäßig die Spielsachen wegpacken, mit welchen die Kinder aktuell nicht oder nicht viel spielen. Später sollten deine Kinder natürlich selbst entscheiden dürfen, was weggeräumt werden darf. Wenn du die Spielsachen nicht ganz weggeben, verkaufen oder spenden willst, kannst du sie in Boxen im Keller aufbewahren. Wenn dann deine Kinder nach einiger Zeit die aktuellen Sachen langweilig finden, kannst du die Boxen austauschen und das alte Spielzeug wird wieder interessant.

Ich habe auch schon von einigen Familien gehört, die vor Weihnachten gemeinsam mit ihren Kindern einige Sachen aussortieren, die dann an bedürftige Familien verschenkt werden. So entsteht wieder Platz im Schrank für die neu geschenkten Spielsachen. Das finde ich eine schöne Idee, die zudem noch ein Bewusstsein dafür schafft, in welchem Luxus wir eigentlich leben, dass das bei weitem nicht überall so ist und eben ganz und gar nicht selbstverständlich ist.

Eine weitere Möglichkeit, die Spielzeug-Flut einzudämmen, ist, Spielzeug zu leihen statt zu kaufen. Das bieten im Internet inzwischen einige Firmen an, unter anderem auch für sonst sehr teure Lego-Bausets. Vielleicht gibt es ja unter deinen neu gewonnenen Kontakten Familien, die gelegentlich Spielzeug mit euch austauschen wollen. Das Spielzeug der anderen Kinder ist doch sowieso meist interessanter, oder?

Anstatt Bücher neu zu kaufen und anzusammeln, könnt ihr sie in der Bibliothek ausleihen. Sogar ökologische Baby- und Kinderkleidung kann man inzwischen online zur Miete bestellen. Natürlich könnt ihr euch auch mit anderen Familien zusammentun und die Kleidung untereinander weitergeben.

Wochen-Kochplan: Ein Kochplan spart nicht nur Geld und Zeit, er spart auch Energie. Ich koche sehr gerne, auch aufwendig und abwechslungsreich. Mich kostet es jedoch unglaublich viel Energie, erst vormittags darüber nachzudenken, was ich am Mittag kochen könnte. Es wird dann immer später und der Gedanke an das Mittagessen stresst mich immer mehr. Wenn ich mich dann endlich entschieden habe, fehlen bestimmte Zutaten oder manche Arbeitsschritte des Rezeptes dauern zu lange für die Zeit, die zur Verfügung steht. Die Klassiker: Der Pizzateig muss noch gehen oder die Linsen müssen erst eingeweicht werden.

Wenn du dir die Mühe machst, einmal pro Woche zu überlegen, was du an einem bestimmten Wochentag kochen magst, kannst du erstens dementsprechend alle benötigten Zutaten einkaufen und zweitens zeitintensivere Arbeitsschritte schon im Voraus einplanen, wie zum Beispiel den Teig schon einmal vorbereiten und während er geht, noch eine Runde mit den Kindern spielen.

Ich halte auch diesen Plan recht flexibel, bestimme also nicht den genauen Tag, wann ich was koche, aber ich plane für jede Woche sieben Rezepte ein und schaue dann spontan, auf welches ich Lust habe oder wie es zeitlich passt.

Um die Mahlzeiten abwechslungsreich zu gestalten, kannst du dir auch einen Wochenplan auf Grundlage der Basis-Zutaten überlegen. Zum Beispiel montags ein Nudelgericht (Spaghetti, Lasagne, Tortellini), dienstags ein Kartoffelgericht (Bratkartoffeln, Gratin, Pellkartoffeln), mittwochs ein Getreidegericht (Reis, Couscous, Quinoa) und so weiter.

Wocheneinkauf online erledigen: Dieser Tipp spart unheimlich viel Zeit und schont bei manchen Kleinkindern auch die Nerven. Viele Discounter und Bioläden bieten heute die Möglichkeit des Online-Shoppings. Ab einem Mindestbestellpreis sogar mit kostenloser Lieferung. Das klingt vielleicht erst einmal gewöhnungsbedürftig, doch gerade wenn du auf dem Land wohnst, kannst du dir damit lange Anfahrtszeiten sparen. Und falls du kein Auto hast, sogar die Schlepperei. In zehn Minuten hast du normalerweise online deinen Einkauf erledigt und dann musst du nur noch darauf warten, dass es an der Haustür klingelt.

Haushalt (nur) mit Kind: Ich plädiere dafür, alle oder zumindest fast alle Haushaltsarbeiten gemeinsam mit dem Kind zu machen. Und ja, ich weiß, dass das bedeutet, dass manche Arbeiten dann dreimal so lange dauern. Aber so lange ihr Spaß daran habt, macht das doch nichts, oder? Wenn ich zum Beispiel mit meiner knapp Zweijährigen abends den Abwasch mache, steht sie auf einem Stuhl oder Lernturm neben mir am Spülbecken, mit einem Schwamm ausgestattet und hat einen Riesenspaß. Und zudem ist sie noch stolz darauf, dass sie mir helfen kann. Der Lernturm ist ein Montessori-inspiriertes Möbelstück, das Kindern ermöglicht, beim Kochen mit an der Arbeitsplatte zu stehen und zu helfen. Er ist ein Art Hocker mit Rundumgeländer, auf den die Kinder selbst hochklettern können. Manchmal wasche ich die Schöpflöffel ab und sie darf dann den Spülmittelschaum wieder klarspülen, manchmal will sie auch selber abwaschen. Dann muss ich einiges anschließend noch einmal in die Hand nehmen. Und danach den See auf dem Boden aufwischen. Aber vorerst lasse ich ihr die Freude und mische mich nicht ein.

Auch beim Spülmaschine ausräumen hilft sie mir schon, seit sie etwa eineinhalb Jahre alt ist. Sie gibt mir dann entweder die Teller heraus und ich staple sie in meiner Hand oder sie trägt das Geschirr selbst zum Schrank. Und man staune: Es ist noch nie etwas dabei kaputt gegangen!

Beim Wäscheaufhängen reichen mir meine Kinder die Klammern, beim Zusammenlegen suchen sie die gleichen Sockenpaare raus, beim Staubsaugen sitzen sie auf dem Staubsauger oder springen vor ihm her. Beim Kochen schnippelt die Große schon, seit sie etwa zweieinhalb Jahre alt ist, mit einem kleinen Holzmesser mit. Die Kleine darf das geschnittene Gemüse in Topf, Pfanne oder Salatschüssel füllen. Sie decken den Tisch. Beim Wischen bekommen sie auch einen Lappen in die Hand, zum Kehren nutzen sie den Kinderbesen …

Kinder wollen ja in der Regel von sich aus überall mithelfen und dabei sein. Wenn wir ihnen das erst verbieten, weil sie noch zu klein dafür seien oder sie ständig verbessern oder korrigieren wollen, brauchen wir uns auch nicht wundern, wenn sie die Freude daran verlieren und später nicht mehr mithelfen wollen.

Wir sollten darauf achten, dass wir Kindern nicht vermitteln, der Haushalt sei etwas, das keinen Spaß mache, indem wir selbst nur darüber meckern. Legt lieber eine gute Musik ein und tanzt beim Staubwischen durch den Raum, dann habt ihr alle Spaß dabei.

Einerseits bekommen die Kinder so von Anfang an mit, dass es gewisse Haushaltsarbeiten gibt, die regelmäßig erledigt werden müssen. Wenn wir das immer nur tun, wenn sie gerade schlafen, denken sie natürlich, du bist den ganzen Tag nur zum Spielen für sie da.

Andererseits lernen sie wichtige Dinge fürs Leben. Wie viele Schüler ziehen heutzutage zum Studieren aus und wissen weder, wie man eine Waschmaschine bedient noch wie man ein einfaches Gericht kocht? Ich finde das traurig, denn das sind doch die Dinge, die man im Leben wirklich braucht. Meine Vierjährige hat zum Beispiel inzwischen schon so oft Brot mit mir gebacken, dass sie es sicherlich schon bald alleine machen könnte und wahrscheinlich auch machen wollen wird. Ist das nicht toll?

Wochen-Fokus-Plan: Ein weiteres Tool, das ich vor allem für die Abendstunden ohne Kind nutze, ist der Wochen-Fokus-Plan. Sicherlich gibt es zusätzlich zu den alltäglichen Aufgaben eine Menge schöner Dinge, die du gerne regelmäßig machen würdest, zu denen du aber im Alltag nicht kommst. Ich denke da zum Beispiel an das Fotoalbum für die Kinder, die ausführlichen Telefonate mit einer Freundin, ein Instrument spielen, Yoga oder Ähnliches.

Damit du nichts davon vergisst und nicht in Gefahr gerätst, den Abend, wenn die Kinder im Bett sind, mit »Wo-soll-ich-nur-anfangen?«-Frust vor dem Fernseher zu verbringen, kannst du dir einen Wochenplan aus deinen Fokus-Aufgaben erstellen: montags mit einer Freundin quatschen, dienstags Fotos sortieren, mittwochs Yoga und so weiter. Je nach Aufgaben können die Pläne natürlich regelmäßig von Neuem angepasst werden. Für selbstständige Mütter ist das besonders wichtig, damit nicht jeden Abend nur gearbeitet wird. Allerdings gilt auch hier: Der beste Plan nützt nichts, wenn du dich nicht daran hältst! Hier ist Selbstdisziplin gefragt.

Paarzeit

Denke daran, dir in Absprache mit deinem Partner mindestens einen festen Abend in der Woche ganz für euch als Paar freizuhalten. Das mag zwar erst einmal komisch klingen, da ihr euch ja in der Regel jeden Abend seht, doch aus eigener Erfahrung weiß ich, wie schnell es passiert, dass man als Mutter, sobald die Kinder im Bett sind, einfach nur Zeit für sich haben will und die Paar-Beziehung dann zu kurz kommt.

Seit mein Mann und ich den Freitagabend als Paarabend festgelegt haben, freuen wir uns richtig darauf und überlegen uns schöne Sachen dafür. Zum ersten Mal, seit die Kinder da sind (also seit über drei Jahren), haben wir zum Beispiel mal wieder gemeinsam eine DVD angeschaut oder ein Kartenspiel gespielt. Eine selbst gemixte alkoholfreie Piña Colada, ein besonderer Nachtisch, ein paar schöne Kerzen aufstellen oder Ähnliches lassen den Abend zu etwas Besonderem werden, auch wenn wir momentan wegen der Kinder noch nicht zu zweit als Paar ausgehen möchten.

Ihr könnt euch auch abwechselnd etwas füreinander überlegen und euch dann gegenseitig damit überraschen. Wenn die Kinder älter sind oder ihr einen Babysitter habt, können diese Ideen natürlich auch außerhalb der Wohnung umgesetzt werden.

Familienzeit

Denke bitte bei der Strukturierung durch all diese Zeiteinteilungs- und Planungshilfen auch an die gemeinsame Zeit als komplette Familie: Mama, Papa, Kinder. Denn auch die ist natürlich wichtig!

Ich kenne es selbst von mir, dass ich, wenn mein Mann zu mir und den Kindern kommt, manchmal denke: »Ach gut, dann kann ich ja gehen und was anderes machen, wenn er jetzt bei den Kindern ist.« Am besten klappt Familienzeit daher für uns, wenn wir alle gemeinsam spazieren gehen oder etwas anderes draußen unternehmen. Dann besteht erst gar nicht die Gefahr, dass einer von uns nur mal eben schnell Mails checken geht oder nur »kurz« dies und jenes andere erledigt, was dann … ups … doch etwas länger dauert.

Auch diese Familienzeit könnt ihr als festen Termin im Kalender für besondere Unternehmungen freihalten.

Kindergartenfrei und Selbstfürsorge

Die große Gefahr für bedürfnisorientiert lebende Mütter ist, dass sie sich dabei selbst vergessen. Für selbstbetreuende Mütter wie dich und mich gilt das noch einmal mehr. Was meine ich damit? Dass du dein Leben nur noch nach den Kindern ausrichtest und nur noch dafür lebst, dass für sie alles perfekt ist, jedoch deine eigenen Bedürfnisse gar nicht mehr wahrnimmst oder zumindest nicht mehr befriedigen kannst. Das wird über kurz oder lang bei einem Mama-Burn-out enden und das kommt leider gar nicht so selten vor. Daher ist es sehr wichtig, dass du immer auch im Blick hast, wie es dir gerade geht. Stichwort: Selbstfürsorge! Und dafür sind regelmäßige Ruhepausen im Alltag unerlässlich. Fragst du dich jetzt, wie du dir solche Ruhepause einrichten kannst, wo du doch bei einem kindergartenfreien Leben deine Kinder rund um die Uhr um dich hast? Ich möchte dir in diesem Kapitel ein paar Lösungen dafür vorstellen.

Absprachen und Beziehungszeit mit deinem Partner

Falls du nicht alleinerziehend bist, sondern mit einem Partner zusammenlebst, ist er natürlich der Erste, mit dem du dich absprechen musst. Nehmt euch immer wieder Zeit, um über eure Beziehung und euer Zusammenleben zu sprechen. Eigentlich sollte das selbstverständlich sein, aber leider scheitert es bei vielen Paaren schon genau daran. Macht euch einen klaren Plan, wie ihr die Zeiten von Kinderbetreuung, Familienzeit, Paarzeit, Haushalt und beruflicher Verwirklichung aufteilt, sodass ihr beide zufrieden damit sein könnt. Wenn du dich überfordert fühlst und mehr Unterstützung brauchst, kommuniziere das rechtzeitig und nicht erst, wenn es bereits zu spät ist und du deinem Mann nur noch verzweifelte Vorwürfe entgegen schleudern kannst. Schaut hinter die Kulissen; viele Beziehungsprobleme und alltägliche Streitereien zwischen Eltern rühren daher, dass sich ein Partner (häufig wir Mütter) nicht genug wertgeschätzt oder unterstützt fühlt. Ein gemeinsames Fundament ist der Schlüssel für ein respektvolles Miteinander bei aufkommenden Differenzen und hilft dabei, die Konflikte in Zukunft zu vermeiden. Die Basis dafür sollte ein liebevoller und wertschätzender Umgang miteinander sein. Wenn die Beziehungsarbeit aus Zeitmangel hinten runterfällt, hat das ganz schnell negative Auswirkungen auf viele eurer Lebensbereiche. Daher nehmt sie bitte wichtig. Im letzten Kapitel habe ich bereits den gemeinsamen Paarabend angesprochen. Das ist wirklich das Mindeste, was ihr euch gönnen solltet. Schafft euch regelmäßig gemeinsame kinderlose Stunden.

Die Ideen, die ich in den folgenden Abschnitten aufzeige, damit du Zeit für dich hast (Leihoma, Mütterteam ...), könnt ihr natürlich auch alle nutzen, um gemeinsame Paarzeit zu haben.

Ruhepausen mit Kindern im Haus

Notiere dir auf einem Zettel Beschäftigungen, bei welchen dein Kind begeistert dabei ist und bei denen es sich eine Weile selbst beschäftigen kann. So hast du immer schnell Ideen präsent, wenn du merkst, dass die Stimmung kippt und du dringend mal durchatmen musst. Zum Beispiel lieben fast alle Kinder das Spiel mit dem Wasser. Je nach Alter kannst du dein Kind entweder in der Badewanne plantschen lassen oder am Spül- oder Waschbecken. Es geht aber auch am Tisch, wenn du ein Tablett mit hohem Rand unter die Wasserspielsachen stellst. Im Sommer auf dem Balkon oder im Garten. Dann gibst du ihm mehrere Becher und Schwämme in die Hand und lässt es in Ruhe experimentieren. In der Badewanne natürlich nur mit Beaufsichtigung! Schlimmstenfalls musst du nachher den See auf dem Boden wieder aufwischen – das sollte machbar sein. Ich bin mir sicher, währenddessen hast du ein paar Minuten Zeit, um einen Tee oder Kaffee zu trinken oder vielleicht auch etwas zu lesen oder eine Freundin anzurufen.

Was gibt es noch, womit sich dein Kind eine Weile selbst beschäftigen kann? Vielleicht einen Teller mit klein geschnittenem Obst und Gemüse richten, das es mit dem Zahnstocher aufpieksen kann? Kleine Fantasiefiguren kneten? Mit Wasserfarben malen? Perlen auffädeln? Ein Hörspiel hören? Oder was bei uns gerade auch gut klappt: Während ich die Kleine in den Schlaf trage oder stille, schneidet die große Schwester Bilder aus einem Katalog aus. Halte dir immer ein paar von diesen Ideen bereit und setze sie rechtzeitig um, wenn du merkst, du brauchst ein paar Minuten Ruhe.

Du kannst auch die Mittagspause als festes Ritual einführen. Gerade, wenn du mehrere Kinder hast, von denen eins noch mittags schläft. Erkläre dem größeren Kind, dass auch du eine Mittagspause brauchst, und bitte es, sich in dieser Zeit etwas ruhiger zu beschäftigen. Du kannst dich im Wohnzimmer auf dem Sofa ausruhen, während dein Kind zum Beispiel mit Lego baut. Im Montessori-Bereich gibt es viele Ideen für Feinmotorik-Spiele, mit denen sich die meisten Kinder gerne länger und konzentriert beschäftigen können. Zahnstocher in eine Dose mit Loch stecken, trockene Kichererbsen und große weiße Bohnen auseinandersortieren und Ähnliches.

Morgenstund hat Gold im Mund

Eine weitere Möglichkeit, Zeit für dich zu haben, obwohl die Kinder gerade im Haus sind, gibt es in den frühen Morgenstunden. Ja, ich weiß, falls du Kleinkinder hast, die Frühaufsteher sind, oder du noch fast die ganze Nacht stillst, wirst du um jede Minute froh sein, die du morgens länger schlafen kannst.

Doch falls du morgens gut aus dem Bett kommst, könntest du es in Erwägung ziehen, abends früher ins Bett zu gehen und dafür morgens früher aufzustehen. Hast du es schon einmal erleben können, aufzustehen, bevor die Kinder wach waren? Erinnerst du dich noch an die Ruhe im Haus? Wie du ganz in Ruhe geduscht und dir eine Tasse Kaffee oder Tee gemacht hast? Diese Stille, während du alleine am Frühstückstisch gesessen bist und genüsslich an deinem frischen Kaffee genippt hast?

Der Vorteil der Morgenstunden ist, dass du im Idealfall ausgeschlafen bist und voller Energie in den Tag starten kannst. Und überlege einmal, was du mit einer Stunde morgens früher aufstehen schon alles erledigen kannst! Und hier denke ich jetzt natürlich nicht an den Haushalt. Nutze diese Zeit für dich, trinke einen Tee, schreibe Morgenseiten (siehe »Morgenseiten«), führe dein Dankbarkeitstagebuch oder erstelle deinen Tagesplan, meditiere, mache Yoga, tanze, male oder lese einfach nur mal ein gutes Buch. Gehörst du zu denjenigen Leserinnen, die jetzt denken: »Die spinnt doch. Und dafür soll ich um fünf Uhr aufstehen?« Dann teste es doch einfach einmal. Ich vermute, du wirst den ganzen Tag über davon zehren. Du startest gut gelaunt und ausgeglichener in den Tag. Du spürst die Energie, die dir diese eine frühe Stunde Zeit nur für dich gegeben hat. Ich kenne sogar eine Vierfach-Mama, die jeden Morgen schon um fünf Uhr aufsteht, um joggen zu gehen und Zeit für sich zu haben.

Falls du mehr darüber lesen willst, schau dir meine Buchtipps zum Thema Morgenroutine auf der Bonus-Seite an.

Haushalt, die zweite

Frage dich als Nächstes, wie du die Zeit verbringst, in der du dich nicht aktiv mit den Kindern beschäftigen musst, weil sie entweder schlafen oder der Papa nach ihnen schaut. Machst du dich zum Beispiel sofort an den Haushalt, wenn dein Kind schläft oder dein Mann mit ihm spazieren geht? Dann würde ich dir raten, das wenn irgend möglich noch heute zu ändern. Ich spreche aus eigener Erfahrung, denn ich habe das eine Zeit lang in der Tat so gemacht. Jetzt weiß ich, dass es wichtiger ist, dass ich diese Zeit für mich nutze und der Haushalt auch einfach mal warten kann. Denn wenn ich in dieser Zeit auftanke, etwas mache, was mich entspannen lässt oder mir Spaß macht, nehme ich die Energie und Freude darüber, dass ich nach mir geschaut habe, anschließend wieder zurück in den Alltag und davon profitieren dann wirklich alle. Wenn ich dagegen die Wohnung putze und anschließend völlig erschöpft wieder ein dreijähriges Kind aus dem Mittagsschlaf empfange, das voller Tatendrang und Energie in den Nachmittag starten will, kann das nur anstrengend werden. Und da hilft mir dann auch kein geputzter Boden darüber hinweg.

Daher: Denke an »Haushalt (nur) mit Kind« und sieh den Haushalt nicht als notwendiges Übel, sondern baue ihn lieber von Anfang an als feste gemeinsame Aktivität in euren Tagesablauf ein. Und wenn du mal gar keine Lust darauf hast, übe dich in Gelassenheit und lass auch mal das schmutzige Geschirr abends in der Küche stehen, um dafür ein Schaumbad zu nehmen und deine Akkus aufzuladen.

Ich möchte noch darauf hinweisen, dass absolut nichts Verwerfliches dabei ist, eine Putzfee (Reinigungskraft) zu engagieren. Viele Mamas schrecken davor zurück, weil sie der Meinung sind, das müssten sie doch alles selber schaffen. Die anderen kriegen das ja auch irgendwie hin. Oder sie denken, sie müssten dann ja vorher für die Putzfee aufräumen. Manche wollen keine fremde Person in ihrem Haus haben. Oder sie denken, sie könnten sich das nicht leisten. Das sind alles Gründe, für die es Lösungen gibt. Zum Beispiel beim Thema Geld: Wie viel wäre es dir wert, wenn du nach einem schönen Waldspaziergang mit deinen Kindern zurück in dein Haus kommen würdest und alle Böden wären gewischt, das Bad geputzt, die Küche blitzblank?

Meist denken wir nicht groß darüber nach, was wir uns im Alltag alles spontan leisten, aber für die Putzfee scheint dann das Geld zu fehlen. Überlege mal in Ruhe, ob das wirklich wahr ist. Worauf könntest du vielleicht verzichten, um das Geld für die Putzfee übrig zu haben? Und hast du dich überhaupt schon informiert, wie viel du für eine Reinigungskraft in deiner Stadt ausgeben müsstest? Hast du schon einmal geschaut, wo du eine finden würdest? Vielleicht wäre sie dir ja total sympathisch!? Vielleicht wäre es eine Mama, wie du und ich, die sich einfach ein paar Euros dazuverdienen möchte. Wenn du mit dem Gedanken spielst, gehe ein paar ernsthafte Schritte in die Richtung, bevor du die Idee gleich wieder verwirfst, weil du lieber die starke Mama spielen willst, die alles selbst im Griff hat.

Wenn du mehr Zeit ohne Kinder brauchst

In unserer Gesellschaft wird es leider häufig als Schwäche angesehen, wenn wir Hilfe benötigen. Dabei ist es eigentlich eine Stärke, wenn wir den Mut haben, um Unterstützung zu bitten. Vor allem ist es wichtig, dies anzusprechen, bevor es zu spät ist. Kinder zu haben und selbst zu betreuen muss nicht bedeuten, dass du jedes andere Hobby aufgeben musst und für die nächsten Jahre keine einzige Minute mehr für dich haben kannst. Wenn du das Gefühl hast, mehr Zeit nur für dich alleine zu brauchen, und keinen Partner hast, der dich dabei unterstützen kann, gibt es daher verschiedene Auswege.

Auch wenn deine Kinder nicht in den Kindergarten gehen, findest du vielleicht flexibel stundenweise eine Betreuungsperson, bei der du ein gutes Gefühl hast. Jemand, der deine Werte vertritt und so mit deinen Kindern umgeht, wie du dir das wünschst. Das könnte zum Beispiel eine Tagesmutter sein, die Großeltern, andere Verwandte oder ein Babysitter. Weniger bekannt sind die Leihoma und das Mütterteam, welche ich dir jetzt vorstellen möchte.

Die Leihoma

Bei der Idee der Leihoma (oder natürlich des Leihopas) geht es darum, dass es viele Rentner gibt, die keine eigenen Enkelkinder haben oder diese zu weit weg wohnen, die jedoch gerne Zeit mit Kindern verbringen möchten. Das Besondere an diesem Konzept ist, dass die Leihoma wirklich in die Familie hineinwachsen soll, wie eine richtige Oma. Man unternimmt also zum Beispiel auch Sachen gemeinsam, vielleicht sogar irgendwann einen Urlaub. Oder man lädt sie an Weihnachten zu sich nach Hause ein. Die Großeltern profitieren davon, weil sie durch diesen Kontakt nicht so einsam sind, sondern Kinder um sich herum haben, und für dich ist es eine vertraute Person, die sich gelegentlich um die Kinder kümmert.

Du kannst Leih-Großeltern auf verschiedenen Wegen finden. Entweder fragst du einfach Bekannte und Freunde, ob sie eine geeignete

Person kennen. Oder du hängst im Ort Zettel aus. Vielleicht trefft ihr ja auch einmal eine sympathische Oma im Café oder beim Einkaufen oder du kontaktierst Seniorenwohnheime. Vielleicht fallen dir auch noch andere Orte ein, an denen du bei dir in der Nähe eine Leihoma finden könntest.

In manchen Städten gibt es auch lokale Initiativen, die Leihomas vermitteln. Eventuell heißen sie dann auch Paten-Omas, Familien- oder Kinderpaten oder Wunschgroßeltern. Auf der Seite Aktivpaten.de kannst du nach Patenschaftsvermittlungen in deiner Nähe suchen.

Es gibt auch verschiedene Online-Vermittlungsdienste für Leih-Großeltern. Zum Teil kommen dann jedoch Vermittlungsgebühren auf euch zu und manchmal werden die Leihomas darüber bezahlt wie normale Babysitter. Weiterführende Links findest du auf der Bonus-Seite.

Das Mütterteam

Während ich diese Zeilen schreibe, spielen meine Kinder im Wohnzimmer mit einer guten Freundin und deren Kind. Ich bin jederzeit für sie erreichbar und höre es auch, falls eins meiner Kinder weint. Dennoch kann ich die Zeit nutzen, um an diesem Buch zu schreiben. Was wir hier machen, nennt sich Mütterteam. Die Idee eines Mütterteams ist einfach: Zwei oder mehrere Mütter tun sich zusammen und treffen sich regelmäßig. Doch anstatt dass frau einfach »nur« plaudert, während die Kinder spielen, kann jeweils die Mutter, bei der man sich trifft, in dieser Zeit etwas für sich machen. Das hat den Vorteil, dass die Kinder in der vertrauten Umgebung sind und die Mama jederzeit verfügbar ist. Und dennoch hat sie regelmäßig ein bis drei Stunden Zeit für sich, je nach Alter der Kinder und der Bindung zur anderen Mutter. Wir treffen uns jetzt erst seit ein paar Monaten, aber es klappt schon ganz gut, obwohl zwei unserer Kinder erst eineinhalb bzw. knapp zwei Jahre alt sind. Jetzt stell dir mal vor, wie es in einem Jahr aussehen könnte: Dann sind wir alle so vertraut miteinander, dass es sicherlich sogar möglich sein wird, dass meine Freundin mit den Kindern eine Runde in den Wald geht, während ich mich in ein Café setze und ein Buch lese, wenn ich möchte. Das Mütterteam ist mit keinerlei Betreuungskosten verbunden und ich weiß, dass meine Kinder in guten Händen sind.

Wenn du jetzt denkst: »Klingt gut, aber ich kenne keine Mutter, die das mit mir machen würde«, kann ich nur sagen: Zurück zu »Gemeinsam statt einsam!« und beginne, dich zu vernetzen! Denn ich glaube, es gibt keine Mutter, die so etwas *nicht* machen würde. Oder kennst du eine Kleinkind-Mutter, die sich nicht mehr Zeit für sich selbst wünscht? Weiterführende Links zum Mütterteam und wie du eins finden kannst, auf der Bonus-Seite.

Unterstützung in besonderen Situationen

Wenn ihr kindergartenfrei lebt, kann es Situationen geben, in denen es wirklich unbedingt notwendig ist, dass du Entlastung und Unterstützung erhältst. Zum Beispiel, wenn du noch ein Kind bekommst und im Wochenbett liegst. Oder wenn du chronisch krank bist. Für den Fall, dass weder dein Partner zu Hause sein kann, noch du ein soziales Netzwerk hast, das dich unterstützt, gibt es folgende Hilfen:

- *Wellcome* – Die Initiative Wellcome steht für praktische Hilfe nach der Geburt. Ehrenamtliche Helfer unterstützen dich ein- bis zweimal pro Woche im Alltag, bei der Betreuung von Geschwisterkindern oder erledigen kleine Aufgaben im Haushalt. Die Unterstützung ist zeitlich begrenzt auf ca. drei Monate und die Gebühr beträgt bis zu fünf Euro pro Stunde.
- *Mütterpflegerin/FamilienLotSinn®* – Auch Mütterpflegerinnen unterstützen Mütter nach der Geburt ihres Babys im Alltag. Die Kosten für diese Art von Haushaltshilfe werden in der Regel von den Krankenkassen übernommen.
- *Haushaltshilfe* – Die von der Krankenkasse bezahlte Haushaltshilfe kann sowohl nach der Geburt als auch im Krankheitsfall zum Einsatz kommen. Vermittelt wird sie unter anderem von Institutionen wie der Caritas.

- *Familienhelfer* – Diese werden vom Jugendamt finanziert und unterstützen Familien bei der Kinderbetreuung und Alltagsbewältigung in Krisensituationen. Das können chronische Krankheiten sein (manchmal auch Depressionen), bis hin zu Alkohol- und Drogenkonsum.
- Eine *Mutter-Kind-Kur* wird von der Krankenkasse in der Regel alle vier Jahre übernommen und kann drei Wochen dauern. Sie dient vorrangig der Rehabilitierung der Mutter. Informiere dich am besten direkt bei deiner Krankenkasse darüber.
- *Coaching* – Auch ein persönliches Coaching kann dir weiterhelfen, wenn du das Gefühl hast, die Aufgaben wachsen dir über den Kopf. Es gibt inzwischen sogar viele Coaches, die online arbeiten. So musst du für euer Gespräch nicht einmal aus dem Haus gehen, sondern ihr kommuniziert über Skype oder Telefon. Gemeinsam könnt ihr Strategien erarbeiten, die dir helfen, den Alltag in den Griff zu bekommen und wieder mehr Lebensenergie zu erlangen. Suche am besten nach einem Coach, der sich auf Mütter (oder Mütter im Burn-out etc.) spezialisiert hat.

Arbeite an deinem Mindset

Falls du bisher in deinem Alltag nicht viele Ruhepausen oder Zeiten für dich gehabt hast, kann es gut sein, dass du, wie am Anfang dieses Kapitels erwähnt, ständig ziemlich nahe am Rande der Erschöpfung lebst. Oder zumindest, dass du all deine Bedürfnisse hinten angestellt hast und nur noch für die Kinder lebst. Es gibt Mamas und Familien, die kommen damit besser klar, andere weniger.

»Ich bin *nur* Mama«, sagen Mütter häufig, wenn sie zwecks Selbstbetreuung vorübergehend nicht erwerbstätig sind. Dabei ist uns allen klar, dass dieses »nur« völlig untertrieben ist. Hey – du erfüllst gerade den wichtigsten Job der Welt! Du begleitest die Erwachsenen von morgen und sorgst dafür, dass sie einen tollen Start ins Leben haben. Davon, dass das zudem ein 24-Stunden-Job ist, der anstrengender als die meisten anderen Jobs ist, mal ganz zu schweigen. Nun gibt es Mütter, die gehen völlig in diesem Fulltime-Mamajob auf. Sie sind überglücklich und wollen nichts anderes tun, als mit ihren Kindern zusammen sein. So lange es finanziell machbar ist, wollen sie am liebsten einfach als Mutter und Hausfrau zu Hause bleiben. Das ist schön. Wenn für den Partner auch gelegentlich noch Zeit ist, umso besser.

Dann gibt es Mütter, die ihren Fulltime-Mamajob zwar lieben, aber trotzdem gelegentlich Freiräume für sich als Frau brauchen.

Des Weiteren gibt es Mütter, die ihren Fulltime-Mamajob ebenfalls mögen, trotzdem mehr Freiräume brauchen und die sich am liebsten auch noch selbst durch ein Hobby oder einen Beruf verwirklichen wollen.

Und dann gibt es noch Mütter, die ihren Fulltime-Mamajob manchmal hassen. Die ihre Kinder natürlich lieben und das Beste für sie wollen, aber die sich einfach gefangen fühlen. Gefangen in ihrer Rolle als Frau in der Gesellschaft, die es nicht so leicht hat, wenn es darum geht, Karriere und Kind unter einen Hut zu bringen. Oder Mütter, denen es fehlt, öfter mal rauszukommen, und die sich durch ihr Baby oder Kleinkind zu Hause gefangen fühlen. Sie fühlen sich finanziell von ihrem Mann abhängig und gleichzeitig ohnmächtig oder machtlos. Denn sie sehen keine Alternative, da sie mit ihren Kindern kindergartenfrei leben wollen.

Natürlich gibt es auch Mütter, die zwischen all diesen Extremen stehen, denen es einmal so geht und einmal so. Das ist völlig normal und in Ordnung.

Ich schreibe das Ganze hier so ausführlich, da ich dich einmal ganz bewusst nachspüren lassen möchte, wie es dir persönlich geht.

Und ich vermute, dass nicht alles immer nur eitel Sonnenschein bei dir ist, denn sonst hättest du dir diesen Ratgeber wahrscheinlich nicht gekauft.

Sei bitte ganz ehrlich mit dir selbst. Am besten nimmst du dir ein Stück Papier und schreibst auf, wie es dir in der aktuellen Situation geht. Was brauchst du? Wie fühlst du dich? Wovon willst du mehr in deinem Leben? Wovon weniger? Was willst du vielleicht am liebsten gar nicht mehr haben? Und was ganz dringend, am liebsten heute noch?

Hast du diese kleine Selbstcoaching-Übung schon ausgeführt? Ich bitte dich wirklich eindringlich, dies zu tun, bevor du weiter liest.

Erledigt? Gut. Dann schau dir deinen Aufschrieb an. Wenn alles perfekt für dich ist, so wie es gerade ist, dann brauchst du zu diesem Zeitpunkt nicht unbedingt weiter zu lesen, sondern genieße es einfach. Vielleicht liegt der Tag, an dem dich die weiteren Seiten interessieren werden, einfach noch in der Zukunft. Oder er kommt gar nicht. Auch gut. Ich möchte wirklich keiner Mama einreden, dass sie sich doch bitte endlich selbst verwirklichen sollte, wenn sie gar nicht den Drang danach verspürt. Vielleicht ist es einfach gerade deine höchste Freude und Erfüllung, deine Zeit mit den Kindern zu verbringen. Dann ist das wunderbar und sollte auch so bleiben.

Aber falls es Punkte in deinem Leben gibt, mit denen du unzufrieden bist, dann beginne hier und heute damit, dir bewusst zu machen, dass du selbst – und nur du selbst – zu einhundert Prozent für dein Leben verantwortlich bist.

Verantwortung für dein Leben übernehmen

Du allein hast die Freiheit, zu entscheiden, wie du dein Leben verbringen möchtest. Und ich sage nicht, dass das immer leicht und schön ist. Hundertprozentige Verantwortung für dich selbst zu übernehmen, kann heißen, dass du andere Menschen verletzen musst. Oder dass du dich selbst verletzt fühlst, weil du dir bewusst machst, dass du dich selbst in die jetzige Situation hineinmanövriert hast. Häufig verschließen wir bewusst die Augen vor bestimmten Situationen, weil die Wahrheit zu schmerzhaft wäre. Ich weiß, dieses Thema kann ganze Bücher füllen (und ich empfehle dir auch, mindestens eins dazu zu lesen!), aber am wichtigsten dabei ist mir, dass du herauskommst aus der Opferhaltung.

Was meine ich damit?

Häufig höre ich Mütter folgende Sätze sagen:

- »Ich würde mein Kind ja gerne selbst betreuen, aber das geht finanziell nicht.«
- »Ich kann ja kein Geld verdienen, wenn ich zu Hause bei meinen Kindern sein möchte.«
- »Ich würde ja gerne wieder Sport machen (alternativ: Freunde treffen, ins Kino gehen), aber das geht wegen der Kinder nicht.«
- »Ich würde mich ja gerne mit anderen Müttern vernetzen, aber hier gibt es niemanden.«
- Oder eben, wie in diesem Kapitel schon angesprochen: »Ich hätte ja gerne eine Putzfrau, aber das kann ich mir nicht leisten.«

Vielleicht trifft einer der Sätze oder ein ähnlicher auf dich zu. Und vielleicht denkst du: »Ja, es ist aber wirklich so und daran kann ich nichts ändern!« Und *genau das* ist die Opferhaltung, die ich meine.

Stell dir bitte bei all diesen Sätzen folgende Frage: Ist es wirklich wahr? Denn *du allein* hast dich für diesen Weg entschieden. *Du* hast dich dafür entschieden, zu Hause zu sein und kein Geld zu verdienen. *Du* hast dich dafür entschieden keinen Sport zu machen, weil es dir wichtiger ist, selbst immer für deine Kinder da zu sein. *Du* hast dich dafür entschieden, dein Geld lieber für andere Dinge als eine Putzfrau auszugeben (es gibt Familien, die leben ohne Auto, Fernseher, Luxusgegenstände etc.). Und wenn du jetzt meinst, »nein, gewisse Dinge haben aber mein Mann oder mein Chef entschieden«, dann hast dennoch *du* dich für diesen Mann oder Chef entschieden und dafür, seine Entscheidung zu akzeptieren.

Es geht mir wirklich nicht darum, dir für irgendetwas ein schlechtes Gewissen zu machen, auch wenn es vielleicht so klingen mag. Ich möchte dir nur dabei helfen, zu erkennen, dass nur du selbst verantwortlich bist für dein Leben und deine Entscheidungen.

Wenn du dich dafür entschieden hast, dein Kind in die Kita zu geben, um in der Zeit Geld zu verdienen, okay! Aber denke nicht, es ginge nicht anders. Schau dich um und überlege dir, welche Mutter du kennst, die es bereits anders macht. Und dann frage sie nach ihren Erfahrungen.

Ich möchte dir neue Wege eröffnen, die du vielleicht bis heute nicht kanntest. Aber es gibt sie, ganz gewiss! Nur, wenn du jede Inspiration und jeden Gedankengang direkt zunichte machst mit: »Das geht ja sowieso nicht, weil …«, dann können dir auch keine neuen Lösungen und Wege in den Sinn kommen. Also sage dir zukünftig nicht mehr: »Das geht ja nicht«, sondern frage dich: »Wie könnte ich es möglich machen?« Und dann beginne, dich zu informieren. Sprich mit anderen Menschen, die in der gleichen Situation sind, lies Bücher, recherchiere im Internet. Einen Schritt in die richtige Richtung hast du ja schon getan, indem du dieses Buch gekauft hast. Und ich hoffe, dass es dir schon in einigen Bereichen weiterhelfen konnte.

Selbst wenn am Ende alles so bleibt wie es ist, macht es einen enormen Unterschied, wie du darüber denkst. Bist du der Meinung: »Es geht ja nicht anders« und lebst in der Opferhaltung? Oder übernimmst du Selbstverantwortung und sagst dir: »Ich habe mich bewusst dafür entschieden, so zu leben.«

Natürlich wirst du deine Einstellung nicht von heute auf morgen ändern können. Das ist ein Prozess und in gewisser Weise sind wir unser ganzes Leben damit konfrontiert. Zumindest immer dann, wenn wir unzufrieden sind und genau hinschauen, woran das liegt.

Ich selbst beschäftige mich erst seit ungefähr eineinhalb Jahren mit Persönlichkeitsentwicklung. Ich kann nur sagen: Es hat mein Leben ungemein bereichert. Und natürlich nicht nur meines, sondern das meiner ganzen Familie. Denn wenn du verstanden hast, dass du hundertprozentig für dein Leben verantwortlich bist, wird dir auch klar, dass es die Menschen in deinem Umfeld ebenso für sich sind.

Achtsamkeit

Es ist hilfreich für die Änderung deiner Gedankengewohnheiten, dich mit dem Thema Achtsamkeit auseinandersetzen. Achtsamkeit ist gerade in aller Munde. Was heißt es wirklich? Es bedeutet vor allem, im jetzigen Moment zu leben. Sich weniger Gedanken und Sorgen um Vergangenheit und Zukunft zu machen und mehr in der Gegenwart zu leben und zu genießen, was gerade schön ist. Achtsamkeit bedeutet außerdem, sich bewusst zu machen, dass es zwischen jeder Aktion und jeder Reaktion einen Raum gibt. In diesem Raum kannst du dich bewusst für deinen weiteren Weg entscheiden. Lerne zu beobachten, ob du aus einer Angst heraus entscheidest oder mit Freude und Vertrauen. Und dann versuche immer öfter den Weg der Freude zu wählen.

Für mich sind die überhaupt besten Lehrer der Achtsamkeit unsere Kinder. Vor allem die Kleinen, die noch im Urvertrauen leben. Beobachte sie einmal ganz bewusst! Du kannst so viel von ihnen lernen. Wie sie spontan aus der Freude heraus Entscheidungen treffen: »Was möchte ich jetzt spielen? Worauf habe ich Lust? Ich könnte ja mal das Bad unter Wasser setzen!« Erst später schaltet sich dann das Vernunftdenken ein, das sagt: »Mama mag das ja nicht so gerne. Hm … lass ich es dann lieber?« Kleine Kinder denken nicht darüber nach, was in der Zukunft ist oder was gestern war. Oft haben sie schon am Abend vergessen, dass ihr morgens gestritten habt. Sie sind niemals nachtragend. Sie leben einfach im Moment und möchten jeden Moment ihres Lebens bestmöglich nutzen. Lasst uns daher ihre Schüler sein.

Visionen und Lebensziele

Wenn du merkst, dass dich die Beschäftigung mit dem Thema Persönlichkeitsentwicklung weiterbringt – und ich denke, das tut sie ganz bestimmt –, dann wirst du von alleine dazu kommen, dir auch tiefgründige Fragen zu stellen wie: Was ist eigentlich der Sinn meines Lebens? Was ist meine Vision? Wo möchte ich hin? Wie möchte ich in drei Jahren leben? Worauf möchte ich zurückblicken, wenn ich achtzig Jahre alt bin?

Auch die Beschäftigung mit deinen Zielen und Visionen wird deinen Alltag enorm bereichern. Wenn du deine Ziele schriftlich formuliert hast und lernst, selbst wieder daran zu glauben, ist die Wahrscheinlichkeit um ein Vielfaches höher, dass du sie eines Tages erreichen wirst, als wenn du gar nicht einmal darüber nachdenkst.

Ich finde die Beschäftigung mit unseren Lebenszielen gerade für uns Mütter sehr hilfreich, weil es wieder in Relation setzt, wie lang unser Leben eigentlich ist und wie viel Zeit wir noch haben, um unsere Ideen und Projekte umzusetzen.

Auch wenn du dich an manchen (oder vielen) Tagen so fühlst, als lebtest du nur noch für die Kinder und bekämst gar nichts mehr von deinen eigenen Projekten hin, sind es doch im Rückblick gesehen nur ein paar Jahre (je nachdem wie viele Kinder du in welchem Abstand hast), die dich deine Kinder so dringend und so viel brauchen. Überlege doch einmal, wie viel Zeit, wie viele *Jahrzehnte* dir noch für dich bleiben, wenn die Kinder größer sind!

Sei gut zu dir!

Ich hoffe, nach der Lektüre dieses Kapitels kannst du aufatmen. Aufatmen, weil du dir bewusst gemacht hast, dass du nicht alles alleine machen musst. Dass du auch Hilfe annehmen darfst. Und dass es durchaus Möglichkeiten gibt, Ruhepausen für dich zu schaffen. Außerdem habe ich dich hoffentlich inspiriert, dir deine Lebensziele und Visionen genauer anzuschauen. Wer bist du und wo willst du hin in deinem Leben?

Auf meiner Bonus-Seite gebe ich dir einige tolle Buchtipps zum Weiterlesen.

Kindergartenfrei und Berufstätigkeit

Viele Mütter geben ihre Kinder in Krippe oder Kindergarten, weil sie wieder arbeiten gehen möchten oder müssen. Berufstätig zu sein, scheint im ersten Moment tatsächlich unmöglich, wenn die Kinder selbstbetreut werden sollen. Auch ich dachte eine Zeit lang: »Ich werde ja noch für einige Jahre bei meinen Kindern zu Hause sein. Also kann ich mir mit der Frage nach meiner beruflichen Zukunft noch Zeit lassen.« Inzwischen weiß ich, es gibt durchaus Möglichkeiten Geld zu verdienen, auch wenn meine Kinder kindergartenfrei aufwachsen. Außerdem bietet die Elternzeit eine gute Gelegenheit, um sich in aller Ruhe nebenher Schritt für Schritt eine Selbstständigkeit aufzubauen.

Wenn du dieses Buch liest, habt ihr vermutlich schon eine finanzielle Lösung für euren kindergartenfreien Alltag gefunden. Vielleicht verdient dein Partner genug oder ihr bekommt anderweitig Unterstützung. Dennoch denke ich, dass es nicht schaden kann, über die Möglichkeiten Bescheid zu wissen, die *du* als Mama hast, um die Haushaltskasse aufzubessern oder vielleicht sogar alleine zu stemmen?

In diesem Kapitel möchte ich dir einige dieser Möglichkeiten vorstellen. Sicherlich gibt es noch deutlich mehr Optionen. Mir geht es auch hauptsächlich darum, dir bewusst zu machen, dass eure finanzielle Situation wirklich *kein* ausschlaggebender Grund für dich sein sollte, deine Kinder in Betreuung zu geben.

Alle im Folgenden vorgeschlagenen Optionen empfehle ich allerdings nur, wenn du auch wirklich Spaß daran hast. Dein Beruf sollte für dich auf keinen Fall ein weiterer Stressfaktor werden.

Wenn ihr generell knapp bei Kasse seid, lohnt es sich auch einmal genau hinzuschauen, in welchem Bereich ihr vielleicht unnötige Ausgaben habt.

Es gibt zahlreiche tolle Projekte wie Foodsharing, Carsharing, Kleiderkreisel, Tauschbörsen, Umsonstläden, Couchsurfing, Urlaub gegen Hand etc., die nicht nur jede Menge Spaß machen, sondern dich auch viel Geld sparen lassen. Und zudem hast du dabei noch das Gefühl, die Welt ein Stückchen besser zu machen.

Das Online-Business

Das Internet ist für uns selbstbetreuende Mütter wahrlich eine Schatztruhe. Wir finden dort nicht nur Informationen, die uns zum Thema »Kinder liebevoll begleiten« bereichern, sondern es ermöglicht uns auch den Sprung in die Selbstständigkeit, ohne dafür große Investitionen zu tätigen. Außerdem birgt es die große Chance komplett orts- und zeitunabhängig zu arbeiten. Hauptsache, du hast einen Computer mit Internetanschluss zur Verfügung. Und natürlich ist die Voraussetzung dafür, dass es dir Spaß macht, am Bildschirm zu arbeiten. Doch wie genau funktioniert das mit dem Online-Business? Da gibt es verschiedene Möglichkeiten, einige davon möchte ich dir hier vorstellen:

Blog

Die Grundlage eines Online-Business ist meistens ein Blog oder eine Website, auf der du dich nach und nach als Expertin zu einem bestimmten Thema positionieren kannst. Voraussetzung dafür ist, dass du gerne schreibst und recherchierst. Starten kannst du mit einem Blog sogar ganz umsonst. Du suchst dir einfach einen Bloganbieter (zum Beispiel Wordpress, Blogger, Jimdo) und kannst meist nach wenigen Klicks schon loslegen mit dem ersten Artikel. So kannst du einfach eine Weile testen, ob das Bloggen etwas für dich ist. Anschließend kannst du das Ganze dann mit eigener URL und professionellem Design weiter ausbauen.

Der übliche Weg, deine Blogartikel zu verbreiten, führt über die Social Media wie Facebook, Twitter, Pinterest und Co. Damit der eigene Blog irgendwann Geld abwirft, brauchst du eine große Reichweite, also viele Blogleser. Dann kannst du zum Beispiel mit Firmen zusammenarbeiten, die dich dafür bezahlen, dass du ihr Produkt testest und in einem Blogartikel darüber berichtest. Weitere Einnahmen kannst du durch Werbeanzeigen oder Affiliate-Links generieren.

Affiliate-Marketing

Du bewirbst über deine Website, deinen Newsletter oder über Social-Media-Kanäle Produkte mit einem speziellen Partnerlink. Das kann zum Beispiel ein Buch von Amazon sein, das du gerade gelesen hast. Wenn Leser über diesen Link dann einen Kauf tätigen, erhältst du von Amazon eine kleine Provision. Dieses Konzept lohnt sich allerdings erst so richtig, wenn du einen großen Leserkreis hast und das kann schon ein paar Jahre dauern. Bei Nischenseiten, sprich Info-Webseiten zu einem ganz speziellen Thema, kann es auch schneller gehen.

Digitale Produkte erstellen

Wenn es mit deinem Blog gut läuft, kannst du darüber nachdenken, digitale Produkte zu erstellen und zu verkaufen. Das können zum Beispiel E-Books sein, Online-Kurse, Webinare und Ähnliches.

Virtuelle Assistenz

Wenn du selbst nicht so gerne im Rampenlicht stehen möchtest, kannst du deine Online-Karriere als Virtuelle Assistentin beginnen. Die Möglichkeiten für deine Tätigkeitsfelder sind riesig. Im Prinzip bist du einfach die helfende Hand hinter den Kulissen und unterstützt deinen Auftraggeber. Je nachdem was du kannst oder dir aneignest und worauf du Lust hast, kann das unter anderem Folgendes sein:

- E-Mails beantworten oder vorsortieren
- Texte schreiben oder Korrektur lesen
- Websites oder Online-Shops pflegen
- Social-Media-Kanäle pflegen
- Übersetzungen
- Grafikdesign

Für einen tieferen Einstieg in das Thema »Virtuelle Assistenz« empfehle ich dir den Blog »Fülle leben« von Andrea Drexel, die darüber übrigens auch ein praxisnahes E-Book geschrieben hat.

Coaching

Eine weitere Möglichkeit ist die persönliche Beratungsdienstleistung oder das Coaching. Auch dies erfordert keine persönliche Präsenz, sondern kann via Skype, telefonisch oder sogar per E-Mail erfolgen. Wenn du andere Menschen zu einem bestimmten Thema persönlich beraten willst, kannst du das auf deiner Website anbieten. Du kannst die Termine dabei flexibel festlegen, sodass sie mit der Kinderbetreuung vereinbar sind. Es gibt durchaus Kunden, zum Beispiel andere selbstbetreuende Mütter, die sich darüber freuen, wenn du Abend- oder Wochenend-Termine anbietest. Übrigens, »Coach« ist kein geschützter Begriff, jeder kann sich so nennen. Daher kannst du auch ohne Coaching-Ausbildung dein Wissen weitergeben. Eine Ausbildung kann dennoch sehr hilfreich sein, wenn du in diesem Bereich arbeiten möchtest.

Wenn dich das Thema Online-Business reizt, findest du im Internet wirklich zahlreiche Blogs dazu. Einige stelle ich dir auf meiner Bonus-Seite vor. Ich rate nur dazu, bei Versprechungen im Stile von: »Wie ich in zwei Monaten im Internet 100.000 Euro verdient habe« misstrauisch zu werden. Tatsächlich liest man an vielen Stellen davon, wie man online quasi über Nacht reich werden kann. Das mag zwar bei einigen sehr erfolgreichen Menschen schnell gegangen sein. Jedoch sicherlich nicht ohne extrem viel Arbeit reinzustecken. Denk also immer daran: Du bist eine Mama, die den Großteil ihres Tages mit ihren Kindern verbringt und keine Single-Frau, die sich täglich zehn Stunden dafür nehmen kann, ihr Business aufzubauen. Also bitte vergleiche dich auch nicht mit diesen. Es wird sicher einige Monate dauern, bis der erste Euro fließt, aber wenn du dennoch beständig daran bleibst, kannst du dir eine Selbstständigkeit aufbauen. Vielleicht kannst du sogar schon in einem Jahr oder weniger, je nach Einsatz, ein regelmäßiges passives Einkommen erwirtschaften.

Passives Einkommen bedeutet, dass du irgendwann Geld verdienst, ohne noch viel dafür tun zu müssen, weil zum Beispiel dein Online-Kurs oder E-Book fertig gestellt ist und jetzt jederzeit gekauft werden kann. Da du jedoch erst einmal viel Zeit hineinstecken musst und dein Produkt anschließend ständig bewerben musst, ist es meiner Meinung nach nie hundertprozentig passiv. Aber auf jeden Fall ist deine berufliche Tätigkeit irgendwann kein direkter »Zeit-gegen-Geld-Tausch« mehr. Und das ist es ja, worauf es uns ankommt. Bitte denke daran, dass du, sobald du die Absicht hast, den ersten Euro im Internet zu verdienen, ein Gewerbe anmelden musst. Offiziell zählt schon das Setzen von Affiliate-Links als Absicht, ein Einkommen zu generieren.

Weitere Möglichkeiten für selbstständige Mamas

Neben dem Online-Business gibt es noch viele weitere Bereiche, in denen du dich als selbstbetreuende Mutter gut selbstständig machen kannst. Im Folgenden stelle ich dir ein paar davon vor.

Selbsthergestellte Produkte verkaufen

Wenn du gerne kreativ bist und zum Beispiel ein Händchen fürs Nähen, Stricken und andere handwerkliche Tätigkeiten hast, kannst du überlegen, deine Produkte zu verkaufen. Das geht natürlich über einen eigenen Online-Shop, aber auch über Seiten wie Etsy, Mamikreisel, eBay, eBay Kleinanzeigen und ähnliche. Vielleicht gibt es bei dir in der Stadt auch einen Laden, der deine Kreationen in sein Sortiment aufnehmen würde. Oder du schaust nach Kunsthandwerkermärkten, Weihnachtsmärkten oder sonstigen Basaren in deiner Region. Zusätzlich oder alternativ könntest du gelegentlich Kurse anbieten, in denen du anderen Menschen beibringst, wie man strickt, filzt oder Schmuck herstellt. Solche Kurse können auch gut abends oder am Wochenende stattfinden, wenn dein Mann bei den Kindern sein kann.

Tagesmutter/Eltern-Kind-Gruppen

Wenn du keine Lust hast, deine Arbeit abends zu erledigen, oder wenn die Kinder außer Haus sind, gibt es auch mehrere Möglichkeiten, deine Kinder bei dir zu haben. Klassisch dafür ist der Beruf der Tagesmutter. Um als Tagesmutter arbeiten zu können, brauchst du eine Ausbildung und bestimmte Voraussetzungen in deiner Wohnung. Auf der Bonus-Seite zum Buch findest du Links, mit deren Hilfe du dich ausführlicher dazu informieren kannst.

Bei den meisten Eltern-Kind-Gruppen oder Gruppenangeboten ausschließlich für Kinder kannst du deine Kinder ebenfalls einfach mitnehmen. Du brauchst dafür nicht einmal unbedingt eine Ausbildung oder ein Zertifikat. Ideen für solche Gruppen sind zum Beispiel Natur- oder Waldspielgruppen, Musik-Spielgruppen, (Eltern-)Kinder-Yoga, Kinderturnen, Kinderzirkus, Kinderchor, Koch- und Backkurse etc. Da sind der Kreativität keine Grenzen gesetzt. Überlege einmal: Was machst du sowieso schon mit deinen Kindern, woran auch andere Kinder Spaß haben könnten? Und dann probiere aus, ob es eine Nachfrage dafür gibt. Vielleicht erscheint es dir im ersten Moment merkwürdig, für deine Hobbys Geld zu bekommen. Doch anderen Eltern fehlt für solche Angebote vielleicht das Know-how. Oder sie wollen diese Aktionen nicht alleine mit ihren Kindern in Angriff nehmen und sind daher dankbar für die Möglichkeit, die du ihnen bietest.

Network-Marketing

Network-Marketing ist ein beliebter Bereich unter Müttern, um sich von zu Hause aus etwas aufzubauen. Hierbei geht es darum, physische Produkte weiterzuempfehlen und dafür Provisionen zu erhalten. Sicherlich hast schon einmal von Tupper-Partys oder Thermomix-Vorführungen gehört. Viele Unternehmen arbeiten im Nahrungsergänzungsbereich, aber du kannst auch Naturkosmetik oder (Öko-)Putzmittel weiterempfehlen und daran verdienen. Falls du dich dafür interessierst, findest du online zahlreiche Informationen dazu. Am besten suchst du auch nach persönlichen Erfahrungsberichten von Müttern, die bereits im Network-Marketing arbeiten.

Beraterin für Eltern
In der alternativen Szene gibt es zahlreiche Ausbildungen, die du absolvieren kannst, um andere Eltern zu beraten oder coachen. Du kannst zum Beispiel als Familienbegleiterin, Einfach-Eltern-Kursleiterin, Still-, Stoffwindel- oder Trageberaterin arbeiten. Du hast auch in diesem Beruf flexible Arbeitszeiten und könntest sogar in vielen Fällen dein Kind bei den Beratungen dabei haben. Deine Verdienstmöglichkeit ist abhängig von der Ortslage und davon, wie viele andere Berater es schon in deiner Umgebung gibt. Auch wenn ich gehört habe, dass es nicht so einfach ist, damit viel Geld zu verdienen, lieben die meisten Beraterinnen dieser Art ihren Job und machen es aus tiefster Überzeugung. Die Links zu den verschiedenen Ausbildungsmöglichkeiten findest du auf der Bonus-Seite.

Weitere Ideen, um sich zumindest ein kleines Taschengeld zu verdienen, sind Jobs wie Zeitung austragen, mit dem Hund Gassi gehen, Einkauf für ältere Menschen erledigen und ähnliche Nachbarschaftshilfen.

Eltern-Kind-Büros

Zu fast jeder Selbstständigkeit gehören Zeiten, in denen du unbedingt tagsüber ungestört arbeiten musst, weil du zum Beispiel Telefonate führen willst. Das geht häufig schlecht mit Kleinkindern im selben Raum. Entweder du holst dir für solche Fälle Unterstützung ins Haus (wie in »Leihomas, Mütterteam und Co« beschrieben) oder du schaust, ob es in deiner Stadt Eltern-Kind-Büros gibt. Manchmal heißen solche Initiativen auch Coworking Spaces oder »Rockzipfel«. Das Prinzip dahinter ist immer das gleiche: Mehrere selbstständige Eltern tun sich in einem Büro-Gebäude zusammen, in dem es ein extra Spielzimmer für Kinder gibt. In manchen Initiativen wechseln sich die Eltern mit der Betreuung und den Schreibtischen ab, in anderen Projekten kannst du einen festen Büroraum mieten und deine Kinder nebenan stundenweise betreuen lassen. So bist du für sie jederzeit verfügbar und hast trotzdem dein Büro, dessen Tür du hinter dir schließen kannst, während du die Kinder gut untergebracht weißt. Ich finde die Idee genial und es entstehen in immer mehr Städten solche Angebote. Die Nachfrage dafür ist auf jeden Fall da. Falls es bei dir in der Stadt noch kein Eltern-Kind-Büro gibt, höre dich doch einmal um, wer noch Interesse daran hätte. Wenn ihr zu mehreren seid, könnt ihr so ein Projekt vielleicht sogar über Crowdfunding realisieren.

Zusammenhalt unter selbstständigen Müttern

Wie du siehst, schließen sich Berufstätigkeit und Selbstbetreuung nicht aus. Schön ist außerdem, dass es einen großen Zusammenhalt unter Müttern gibt, die selbstständig arbeiten oder gerade auf dem Weg dahin sind. Auf Facebook gibt es zahlreiche Gruppen zu dem Thema, in denen sich Mütter gegenseitig unterstützten. Doch auch auf lokaler Ebene gibt es in vielen Städten Netzwerke und regelmäßige Treffen zum Austausch mit anderen selbstständigen Müttern.

Vielleicht hast du beim Lesen schon eine Idee bekommen, womit du dir Schritt für Schritt deine Selbstständigkeit aufbauen kannst? Ich wünsche dir viel Erfolg dabei!

Erfahrungsberichte

In den vorigen vier Kapiteln hast du einen rundum Überblick bekommen, über die Themen, die dich in einem kindergartenfreien Alltag sicherlich beschäftigen.

Jetzt geht es darum, einen authentischen Einblick in das Leben anderer Mütter zu bekommen, die ihre Kinder selbst betreuen. Wie sieht es in ihrem Alltag wirklich aus? Was sind ihre Überzeugungen und welche Erfahrungen haben sie gemacht? Wie schaffen sie sich Freiräume? Wie gestalten sie ihren Tag?

Diese und weitere Fragen stellte ich zehn selbstbetreuenden Müttern und erhielt darauf viele spannende Antworten. Die Mütter konnten selbst entscheiden, ob sie direkt auf meine Fragen antworten oder einen freien Text schreiben.

Bei der Auswahl der Mütter war mir wichtig, dass sie aus möglichst vielen unterschiedlichen Lebens- und Familiensituationen berichten können. So gibt es Erfahrungsberichte von Müttern mit ein bis vier Kindern, von alleinerziehenden, von berufstätigen und auch von reisenden Müttern.

Wenig überraschend ist, dass sich alle Beteiligten auch Gedanken über die Schulzeit machen. Welche ist für sie die beste Schulform: eine alternative Schule, eine freie Schule oder gar schulfrei?

Gelegentlich hört man ja das Vorurteil, wenn Kinder nicht in den Kindergarten gehen würden, hätten sie es nachher schwerer in der Schule. Oder jemand stellt belächelnd die Frage: »Und in die Schule willst du sie dann am liebsten auch nicht schicken, oder was?« Ja genau! Oder zumindest nicht in die staatliche Schule. Es gibt ja auch dafür hierzulande Alternativen. Das Hinterfragen unseres Gesellschaftssystems endet auf jeden Fall nicht mit der Einschulung unserer Kinder.

Wer weiß, vielleicht gibt es ja in ein paar Jahren das Fortsetzungs-Buch: »Schulfrei in der Praxis«?

Ich wünsche dir viel Spaß beim Schmökern in den Erfahrungsberichten.

Frida Mercury

Ich blogge als Frida Mercury auf dem Eltern Blogazin 2KindChaos. Ich bin 34 und habe zwei Kinder, Peanut ist fünf und Little Pea zweieinhalb. Beide sind kindergartenfrei. Studiert habe ich Sozialpädagogik, mittlerweile arbeite ich als Bloggerin von zu Hause aus.

Wie seid ihr zu kindergartenfrei gekommen?
Ich hatte kindergartenfrei gar nicht auf dem Schirm, sondern bin davon ausgegangen, dass es der einzig mögliche Weg ist, dass Kinder in den Kindergarten kommen. Ich hatte ehrlich gesagt noch nie ein gutes Gefühl dabei, mein Kind in einen Kindergarten zu geben, da ich ja wusste, dass Peanut ein High Need Kind ist. Sie klammerte mit drei Jahren noch sehr an mir und hatte viele Ängste, vor allem anderen Kindern gegenüber.

Deshalb versuchten wir es zuerst in einem Waldkindergarten. Hier war die Pädagogik jedoch so brachial, dass wir nach wenigen Tagen abbrachen (Kind auf dem Schoß festhalten, bedrohen usw.).

Der nächste Kindergarten versprach, uns zu unterstützen. Nach zwei Wochen Eingewöhnung lief es auch halbwegs gut, aber dann zogen sich die Erzieherinnen zurück und meinten, dass Peanut allein klarkäme. Tat sie aber nicht – sie hatte Panikattacken zu Hause, regredierte völlig, war verzweifelt und brüllte panisch.

Ich versuchte es noch einige Wochen mit verschiedenen Strategien, stand aber irgendwann vor einer verhärteten Erzieherfront, die mich als Helikoptermutter sah und mich nicht ansatzweise unterstützte. Ist das Kind zu ängstlich oder die Mutter zu verrückt? Die Frage stellte sich ihnen nicht, denn es lag eindeutig an mir. Ich hatte also die Wahl, mein Kind brüllen zu lassen und meine Attachment Parenting-Einstellung in die Tonne zu kloppen oder sie wieder mit nach Hause zu nehmen.

Ich entschied mich für Letzteres. Mittlerweile sind wir sehr happy damit, Peanut hat sich erholt, und bei Little Pea spüre ich, dass ich diesen

Weg auch einschlagen möchte, weil ich vom System Kindergarten nicht (mehr) überzeugt bin – zumindest, wenn es nicht bindungsorientiert ist.

Wie sieht euer Tagesablauf aus? Habt ihr bestimmte Rituale oder feste wöchentliche Termine?

Da die Kinder sehr spät einschlafen, machen wir morgens erst mal langsam und genießen das gemütliche Aufstehen und gemeinsame Frühstücken. Da ich im Home Office arbeite, mache ich auch oft noch etwas am PC, während die Kinder spielen. Dann gehen wir gemeinsam ins Bad und machen uns fertig. Danach gehen wir entweder raus oder spielen drin weiter. Ein bis zwei Mal die Woche haben wir ein »Spielgruppendate« am Vormittag. Nachmittags gehe ich auch oft noch mal raus oder einkaufen mit den Kindern. Little Pea geht noch in die Musikgruppe, beide gehen in ein Kinderturnen für Kleinkinder.

Wie reagiert euer Umfeld auf kindergartenfrei?

Freunde und Verwandte verstehen, wieso wir so leben, oder halten sich zumindest zurück und lassen uns unseren Weg gehen. Problematisch wird es eher bei Ärzten, die sehr verständnislos sind. Als nervig empfinde ich Fremde, die die Kinder permanent nach dem Kindergarten fragen und uns dann wie Aussätzige behandeln.

Habt ihr ein Netzwerk aus anderen Selbstbetreuern? Wenn ja, wie habt ihr es gefunden?

Netzwerk ist vielleicht etwas zu viel gesagt, da ich unter einem Netzwerk gegenseitige Unterstützung o. ä. verstehe. Aber ich habe einige Kontakte, mit denen mehr oder weniger regelmäßige Treffen stattfinden, was natürlich super wichtig für die Kinder ist. Gefunden habe ich die über das Internet – eine über meinen Blog, die anderen über die Facebook Kindergartenfrei Gruppen. Solche Kontakte müssen ja auch erst wachsen und dann stehen den meisten auch noch andere Dinge im Weg wie »kein Auto«, »unterschiedliche Tagesrhythmen« oder »Krankheiten«.

(Wie) schaffst du dir Freiräume für dich?
Wobei bekommst du Hilfe/Unterstützung?

Das ist natürlich ein schwieriger Punkt, zumindest für mich. Meine Kinder schlafen extrem spät, wir sind den ganzen Tag zusammen, ich arbeite »nebenher« zu Hause. Mein Partner entlastet mich abends, da habe ich dann etwas Zeit für mich und arbeite etwas oder schaue auch mal eine Webserie. Außerdem mache ich eine Mittagspause, dann dürfen die Kinder auch mal YouTube gucken bzw. die Kleine schläft ja auch meist noch.

Früher habe ich mir deshalb megamäßig Vorwürfe gemacht – klar, pädagogisch wertvoll ist was anderes, aber ich bin eben auch nur ein Mensch, der Pausen braucht, und kein Roboter ist. Es ist super wichtig, auch auf sich selbst zu achten und sich kleine Freiräume zu suchen. Mir hilft es auch, mich mal mit anderen zu treffen und den Kindern beim Spielen zuzuschauen und einfach nur zu quatschen.

Bist du nebenher berufstätig? Wenn ja, was machst du?

Wie schon erwähnt blogge ich – regelmäßig mehrmals die Woche. Dafür kriege ich natürlich kein Geld, aber ich habe zwei bis vier Werbeartikel im Monat, für die ich dann Vergütung bekomme. Davon wird man nicht reich, aber es genügt, um die Miete zu zahlen und eben nicht auswärts arbeiten zu müssen. Bloggen war aber schon länger vorher mein Hobby und ist auch oft Psychohygiene und hält die grauen Zellen in Bewegung. Außerdem liebe ich den Austausch mit anderen.

Denkt ihr schon über die Schule nach? Tendiert ihr zu alternativen Schulen, schulfrei oder der Regelschule?

Oh ja, wir stressen uns da sehr und überlegen schon lange hin und her, welcher Weg der beste ist. Wir haben uns schon eine Waldorfschule angeschaut, aber das würde bedeuten, jahrelang zu pendeln. Die alternativen Schulen sind entweder sehr weit weg oder in Großstädten, die man sich von der Miete her nicht leisten kann, und dazu kommt oft noch ein Batzen Schulgeld.

Und als Selbstbetreuer kann ich natürlich nicht in Vollzeit arbeiten, um das zu erwirtschaften. Das macht mich echt fertig. Tja, und Regelschule – gut ist, dass die nicht den ganzen Tag ist, Peanut vielleicht auch Freunde dort hat und außerdem kommt es sowieso auf das Individuum Lehrer an.

Aber ganz ehrlich, ich sehe das System Schule sehr kritisch und ich habe da Bedenken, was man seinen Kindern antun kann mit Leistungsdruck und Bulimie-Lernen, das echtes Interesse an Wissen nur abtötet. Über schulfrei weiß ich momentan noch zu wenig, um es wirklich beurteilen zu können – aber ich schließe es nicht generell aus.

Hast du einen speziellen Tipp für andere Familien, die kindergartenfrei leben?

Das Wichtigste sind Kontakte zu anderen – seien es andere kindergartenfreie Familien, oder Freunde, Familie, Bekannte. Wer den ganzen Tag alleine ist, hat es sehr schwer, und so zu leben ist einfach sehr einsam. Wer keine Kontakte vor Ort hat, kann sich ja mit Kursen über Wasser halten oder sich anderweitig Anschluss suchen, zum Beispiel in Familienzentren. Zur Not natürlich auch online – mir persönlich hat das echt mein Leben verbessert.

Désirée

Ich heiße Désirée (31) und bin mit Christian (37) verheiratet. Wir haben bald vier gemeinsame Kinder: Silwyna (5), Loki (4), Ziva (fast 2) und der Bauchzwerg, der in ca. 2 Monaten zur Welt kommen wird.

Wie seid ihr zu kindergartenfrei gekommen?
Ich war schon immer der Überzeugung, dass meine Kinder, wenn überhaupt, erst ab drei in den Kindergarten gehen sollten, am liebsten erst noch später. So richtig überzeugt von der Wichtigkeit eines Kindergartens war ich noch nie, aber es gehörte halt irgendwie dazu.

Meine Mutter war Kinderpflegerin und ich selbst hab die Ausbildung zur Erzieherin angefangen. Mir kam öfter mal die Frage, ob ich wirklich meine Kinder von Fremden erziehen lassen möchte, wo ich doch auch schon ein paar Charaktere kennen gelernt hatte, die wohl jetzt Erzieher/innen sind.

Da wir auch eine etwas andere Sichtweise von Erziehung haben, passt das oft auch nicht so ganz mit der Vorstellung anderer Menschen überein.

Silwyna kam jedenfalls mit dreieinhalb Jahren in den Kindergarten, um mich dann auch zu entlasten, weil ja der nächste Nachwuchs schon anstand. Ziemlich schnell merkten wir aber, dass es alles andere als eine Entlastung war. Erst musste ich alle Kinder wecken, die eigentlich noch zu müde waren. Meist durfte Ziva solange bei der Nachbarin bleiben, die gerade in Elternzeit war, wenn ich zusammen mit Loki Silwyna in den Kindergarten brachte. Dennoch hatte ich im Hinterkopf immer dieses »ich muss schnell nach Hause, vielleicht weint sie«-Gefühl. Nun fing Loki im Flur schon an überfordert zu sein und auf andere Kinder loszugehen. Silwyna musste ich so oft vor lauter Eile alleine mitten im Raum und traurig zurücklassen.

Und der ganze Stress dann beim Abholen wieder mit drei Kindern. Loki und Ziva wollten meistens gerade dann Mittagsschlaf machen oder sich eben jetzt nicht anziehen oder dies und das noch machen.

Dann irgendwann fing es an: Silwyna weinte morgens, wenn sie hingehen sollte, manchmal auch nachts. Sie war traurig, als ich sie abholte, erzählte mir, sie würde von ihren Freundinnen ausgeschlossen werden, und fing wieder an in die Hose zu machen. Mit zwei Jahren war sie komplett trocken gewesen und jetzt fing sie an, sich in die Hose zu machen. Da konnte etwas nicht stimmen. Sie sang immer wieder beim Essen: »Hände auf die Knie und jetzt ist Schluss«, brachte ihr in den Kindergarten mitgenommenes Essen komplett unangetastet wieder mit nach Hause. Sie fragte auf einmal um Erlaubnis, wenn sie aufs Klo gehen wollte.

Sie ging dann immer unregelmäßiger in den Kindergarten, blieb oft daheim. Irgendwann sagte sie mir dann: »Mama, ich möchte nicht angefasst werden!!!« Darauf meinte ich, dass das dann auch niemand tun dürfe. Wir gingen in den Kindergarten und sie begrüßte die Erzieherinnen mit einem Hallo. Das reichte der Leiterin aber nicht und sie wollte unbedingt die Hand. Meine Tochter legte ihre Arme über Kreuz ganz fest an ihren Körper und schaute nach unten. Die Erzieherin nahm ihre Hand trotzdem und schüttelte sie.

Das war der letzte Tag, den Silwyna dort verbrachte. Kurze Zeit danach las ich, dass es noch andere Familien gab, die kindergartenfrei lebten, und das passte alles so gut mit unsrer Vorstellung und unsren Meinungen überein, dass wir uns sicher waren, dass wir auch keine Alternativen wollten.

Wie sieht euer Tagesablauf aus? Habt ihr bestimmte Rituale oder feste wöchentliche Termine?

Ja, anfangs ging ich mit den Dreien noch ins Mutter-Kind-Turnen. Da Loki aber eine Sprachverzögerung hat und hochsensibel ist, ging das irgendwann nicht mehr.

Jetzt geht Silwyna einmal die Woche in das Turnen ab fünf und Ziva ins Zwergenturnen. An einem Tag in der Woche sind die Kinder bei ihren Großeltern verteilt zum Oma/Opa-Tag, und sonntags gehen wir gemeinsam in eine freie christliche Gemeinde.

Lange Zeit kam einmal die Woche meine Freundin mit ihren Kindern vorbei. Bei Gelegenheit wollen wir das wieder einführen. Oft kommen Kinder zum Spielen vorbei oder meine Kinder besuchen andere.

Rituale an sich haben wir kaum. Wir lieben es alle eher flexibel und spontan. Wir schlafen aus, frühstücken zusammen und dann schauen wir, was passiert. Abends gehen wir gegen halb neun Zähne putzen, Buch lesen, beten und dann schlafen (wenn eins der Kinder nicht müde genug ist, steht es mit mir wieder auf). Aber selbst diese Rituale halten wir nicht immer ein.

Wie reagiert euer Umfeld auf kindergartenfrei?

Naja, also wir sind schon gelegentlich angeeckt. Im Dorf sind wir nicht mehr sehr beliebt und eher die Außenseiter. Trotzdem gibt es genug Kinder, die zum Spielen kommen. Mir sind diese richtigen Freundschaften und die selbst ausgesuchten dann doch mehr wert als die aufgezwungenen Kindergartenfreundschaften. Außerdem beschränken sie sich nicht nur aufs Kindergartenalter.

In der Verwandtschaft waren auch nicht alle gleich einverstanden. Sie kamen mit den üblichen Vorurteilen. Wir haben versucht, zu erklären und zu rechtfertigen, aber am Ende ist es doch sowieso unsere Entscheidung und wir stehen dazu und lassen uns nichts einreden. Wir wissen selbst besser, was uns guttut und was uns wirklich entlastet.

Habt ihr ein Netzwerk aus anderen Selbstbetreuern? Wenn ja, wie habt ihr es gefunden?

Ein kleines. Ich wüsste, wenn ich es wollte, wie ich es noch ausbauen könnte, aber so viele Selbstbetreuer gibt es in unserer Gegend gar nicht und zudem sind wir, glaub ich, für unsere Bedürfnisse ausreichend versorgt. Es müssen ja auch nicht immer Familien sein, die auch kindergartenfrei leben. Meine Kinder können ja auch mittags, wenn die anderen von Kindergarten oder Schule kommen, noch mit ihnen spielen. Hauptsache, sie spielen gerne miteinander.

Auf Facebook gibt es Gruppen mit kindergartenfrei lebenden Familien und es gibt auch die Homepage Kindergartenfrei.org, über die man andere Familien kennenlernen kann. Silwyna hat so ihren besten Freund kennengelernt.

(Wie) schaffst du dir Freiräume für dich?
Wobei bekommst du Hilfe/Unterstützung?

Wir haben einen Opa/Oma-Tag eingeführt und damit mehrere Bedürfnisse auf einmal abgedeckt. Die Kinder sehen ihre Großeltern regelmäßig, die Großeltern ihre Enkel und wir haben mal Zeit für uns oder für größere Projekte bzw. Haushalt. Auch wenn wir an anderen Tagen mal jemanden brauchen, unterstützen sie uns oft.

Meine Mama kommt ab und an mal zu uns und hilft mir, wenn ich mit dem Haushalt in Verzug komme. Meine Freundin besucht uns ab und zu mal und hilft dann auch mit, während unsre Kinder zusammen spielen. Sie macht auch mal den Babysitter. Ein Mädchen aus der Gemeinde will uns in nächster Zeit auch alle zwei Wochen mal für ein bis zwei Stunden unterstützen. Sie macht jetzt ein Praktikum in einer Kita und würde sich gern zusätzlich mit unseren Kindern beschäftigen.

Bist du nebenher berufstätig? Wenn ja, was machst du?

Nein, zurzeit bin ich nicht berufstätig. Wenn unser jüngster Nachwuchs dann ein Jahr alt ist, möchte ich schauen, ob ich von zu Hause aus etwas arbeiten kann. Nicht, dass mir hier langweilig wäre. Genug zu tun habe ich auf jeden Fall, aber wir wollen unseren Kindern ermöglichen, auf eine freie Schule zu gehen, und das ist leider nicht billig. Zudem haben wir noch unser Haus abzubezahlen. Es wird ja nicht (mehr) staatlich unterstützt, zu Hause bei den Kindern zu bleiben und sich selbst um sie zu kümmern.

Denkt ihr schon über die Schule nach? Tendiert ihr zu alternativen Schulen, schulfrei oder der Regelschule?
Ja, allerdings. Wenn es möglich wäre, würde ich sie auch gar nicht auf die Schule schicken, aber leider besteht hier ja Schulpflicht und auswandern ist nichts für uns.

Ich bin Fan von André Stern und finde es sehr faszinierend, wie Kinder frei von jedem Zwang lernen. Wir sind auch der Meinung, dass es keiner Schule bedarf, um zu lernen. Lernen liegt in der Natur des Menschen und jedes Kind will lernen. Außerdem lernt man mit Interesse bekanntlich besser.

So wollen wir unsere Kinder auf eine freie Schule schicken, das sehen wir als einzige vernünftige Alternative. Dort können sie frei, nach ihrem Tempo und ihrem Interesse zusammen mit und von anderen Kindern lernen.

Hast du einen speziellen Tipp für andere Familien, die kindergartenfrei leben?
Lasst euch nichts einreden. Lebt, wie es euch gefällt und guttut. Genießt die Zeit ohne Zwänge. Die Kinder werden so schnell groß, und bald genug werden sie all die Freiheiten gegen den steten Rhythmus des Alltags eintauschen – müssen.

Louise Thiele

Ich bin Louise, dreißig Jahre jung, alleinerziehend mit einer Tochter, Matilda, die fünf Jahre jung ist.

Wie seid ihr zu kindergartenfrei gekommen?

Dass Matilda mal nicht in den Kindergarten gehen würde, haben wir nicht bewusst vorgehabt oder geplant. Vielmehr war es so, dass wir Eltern durch unsere freiberufliche Tätigkeit als Musiker und Künstler schon von Anfang an sehr viel Zeit mit Matilda verbringen konnten und wollten. Wir haben unsere Berufssituation stets nach unseren Vorstellungen und Bedürfnissen gestaltet und später auch an unsere Familienbedürfnisse angepasst. Dabei haben wir die Elternzeit sehr genossen und waren fasziniert von Matilda und ihrem Dasein.

Als kreative, gesellige und unternehmungslustige Menschen, die wir sind, wurde auch unser Kind schon früh Teil unseres großen Netzwerkes und hat sehr schnell begeisterte Fans und Bezugspersonen um sich herum versammelt. Für einen Kindergarten war da einerseits kein Platz und andererseits habe besonders ich als Mutter in dieser Zeit eine starke Transformation erlebt. Seitdem habe ich die Haltung, mit der man Kindern allgemein begegnet, besonders auch in erzieherischen Institutionen wie Kindergärten, als eher abstoßend empfunden.

Unser Tagesablauf hat mittlerweile eine klare Struktur, wobei das nicht immer so war. Noch bis Matilda vier Jahre jung war, befanden wir uns auf einer Langzeitreise und die Tagesgestaltung war hier sehr frei und je nach Land und Aufenthaltsort immer anders.

Seit unserer Rückkehr nach Deutschland hat sich unsere familiäre Situation durch unsere Trennung verändert. Matilda war in dieser Zeit in einem Waldkindergarten, da sie als Einzelkind auf der Reise doch eher einsam war und begann, nach dem Kindergarten zu fragen.

Wir haben es also für ein Jahr mit dem Waldkindergarten versucht, letztendlich war sie aber nur zwei bis drei Vormittage pro Woche dort und teilweise sogar wochenlang gar nicht. Unser »Künstlerleben«, welches wir hier seitdem wieder führen, ist einfach interessanter für Matilda – und wesentlich stressfreier.

Wie reagiert euer Umfeld auf kindergartenfrei?

Unser Umfeld reagiert überhaupt nicht (mehr) auf »kindergartenfrei«. Es spielt einfach keine Rolle. Unser Netzwerk besteht aus ganz unterschiedlichen Menschen, davon sind die wenigsten Eltern Selbstbetreuer, es gibt sie aber in unserem Kreis und wir haben sie über die Gruppierungen in den Sozialen Netzwerken gefunden.

Für uns ist es wichtig, dass wir uns mit den Menschen um uns herum wohlfühlen. Ob die Kinder in den Kindergarten gehen oder nicht, ist uns nicht wichtig.

(Wie) schaffst du dir Freiräume für dich?
Wobei bekommst du Hilfe/Unterstützung?

Freiräume für mich habe ich seit der Trennung mehr als vorher. Matilda verbringt drei Wochenenden im Monat von Freitag bis Montag bei ihrem Papa, außerdem die Hälfte der üblichen Ferienzeiten und Feiertage. Diese Zeit nutze ich ausschließlich für mich und meine Projekte.

Die Wochentage, an denen Matilda bei mir ist, sind von Ritualen und ein paar festen Terminen geprägt. So begleitet sie mich z. B. montags mit in die Musikschule, wenn ich meine Celloschüler unterrichte. Da Matilda das Prozedere kennt und durch mich selbst auch Cello spielt, agiert sie dort mittlerweile als meine Assistentin und macht mit den Schülerinnen z. B. die Einspielübungen, was für mich sehr angenehm ist.

Donnerstags geht sie selber in den Ballettunterricht, und auch zu meinen Privatschülern nehme ich sie mit. Dadurch kennt sie meine Kollegen und Klienten sowie deren Kinder und Familien und da sie selbst ein sehr geselliger Mensch ist, komme auch ich immer wieder in die Lage, dass Matilda ihre Zeit bei anderen Menschen verbringt.

Denkt ihr schon über die Schule nach? Tendiert ihr zu alternativen Schulen, schulfrei oder der Regelschule?

Über die Schule habe ich mir in den ersten fünf Jahren sehr viele Gedanken gemacht, da in Deutschland noch Schulanwesenheitspflicht herrscht und ich dem kritisch gegenüberstehe.

Durch mein Engagement als Bloggerin zu dem Thema und auch als Vereinsmitglied des Schulfrei Bewegung e.V., des BVNL e.V. und der Freilerner Solidargemeinschaft fühle ich mich dazu mittlerweile sehr gut informiert und vernetzt, weshalb ich das Thema Schule sehr entspannt angehe.

Matilda hat mittlerweile ein Interesse an der Schule entwickelt und weiß, dass es verschiedene Schularten gibt. Sie hat natürlich schon sehr viel über die Schule gehört, wir haben uns einmal ein Gymnasium von innen angesehen und waren zu einem Infoabend einer freien aktiven Schule.

Schwierig ist es in unserem Fall ohnehin, da ich die Interessen Matildas radikal vertrete, ihr Vater jedoch ein starker Schulverfechter ist. Allerdings habe ich nun schon fünf Gerichtsverfahren hinter mich gebracht, bei denen es ebenfalls um das Thema Schule ging. Ich habe die Erfahrung gemacht, dass man mit einer klaren Einstellung, den richtigen Strategien und einem starken, souveränen Auftritt sehr viel erreichen kann.

Letztendlich zählt nur, dass es den Kindern wirklich gut geht. Ihre Interessen sollten von uns ganz klar gesehen und anerkannt werden, weshalb wir unsere Bedürfnisse aber nicht zurückstecken müssen. Schwierig kann es werden, wenn man die eigenen Vorstellungen nicht loslassen will.

Doch als Mutter habe ich meiner Meinung nach den besten Instinkt dafür, was mein Kind, welches mir ja nicht gehört, braucht und möchte, und dafür werde ich immer einstehen.

Hast du einen speziellen Tipp für andere Familien, die kindergartenfrei leben?

Was ich allen Eltern ans Herz legen möchte: Lebt eure Berufung und verbindet euch mit so vielen Menschen wie möglich! Knüpft schöne und stabile Beziehungen zu ganz unterschiedlichen Menschen und seid stets authentisch mit allen Höhen und Tiefen, die das Elternsein so mit sich bringen kann, dann ist das Leben sehr viel leichter und die Frage nach dem Kindergarten oder der Schule spielt nur noch eine nebensächliche Rolle.

Kristina Frank

Wir sind eine fünfköpfige Familie, derzeit reisend in Richtung Portugal im Wohnmobil. Unsere Kinder sind zwölf, neun und vier Jahre alt.

Wie seid ihr zu kindergartenfrei gekommen?

Die beiden Großen haben einen evangelischen Kindergarten besucht, zwecks Mangel an Alternativen, weil ich damals anfangs noch auf die Betreuung angewiesen war. Später habe ich ihnen jeden Tag freigestellt, ob sie hingehen wollen oder nicht. Sie sind oft zu Hause geblieben, es gab aber auch Tage, an denen sie gerne gegangen sind oder ich sie mehr oder weniger überreden musste (weil ich keine andere Betreuungsmöglichkeit hatte).

Als unser jüngster Sohn drei Jahre alt war, sind wir auf Reisen gegangen, deshalb ist er komplett kindergartenfrei. Wir hatten eigentlich eine freie Schule gefunden, mit integrierter Kindergartengruppe. Dort ist er gerne hingegangen, weil zu Anfang auch Eltern an der Schule erlaubt waren.

Inzwischen haben sich die Regeln aber geändert und es gibt auch keinen Kindergarten mehr. Dort waren wir als Familie zusammen für einige Wochen und er mochte es gerne. Wir haben dann noch einmal einen öffentlichen Dorf-Kindergarten mit eigentlich tollen Betreuern besichtigt, aber er kam für unseren Sohn nicht infrage. Er wünscht sich zwar einen Kindergarten, aber nur wegen der kleinen Möbel und dem vielen Spielzeug.

Wie sieht euer Tagesablauf aus? Habt ihr bestimmte Rituale oder feste wöchentliche Termine?

Mein Tag beginnt um fünf Uhr morgens, wenn ich alleine aufstehe und mich an den Laptop setze, um zu arbeiten. Meistens schaffe ich es vorher sogar noch zu meditieren, manchmal bleibe ich aber auch einfach liegen und schlummere noch etwas.

Gegen neun Uhr stehen mein Mann und die ersten Kinder auf und wir machen gemeinsam Frühstück. An guten Tagen dauert das etwas, weil wir Saft pressen, Smoothie machen und Obst und Gemüse schneiden. Dann wird den Vormittag über gespielt, kreativ gebastelt oder auch mal wirklich gelernt. Bei schönem Wetter gehen wir auch oft raus.

Unsere Große ging bis vor ein paar Wochen noch an eine Schule, das heißt sie hat gegen 8:45 Uhr bereits das Haus verlassen (sie ist damals natürlich früher mit mir aufgestanden). Inzwischen sind wir aber auf Bildungsreise, und so sind alle Kinder am Vormittag zusammen und spielen.

Wir würden uns wünschen, dass die Kinder bestimmte Angebote, wie Reiten, Tanzen oder Turnen, wahrnehmen könnten, aber durch die reisende Lösung ist das leider nicht möglich. Wir sind derzeit dabei, eine Lösung für uns als Familie zu finden, in der wir allen Bedürfnissen der Kinder gerecht werden können. Unsere Mittlere ist hochsensibel und möchte eigentlich keine Schule mehr besuchen.

Wie reagiert euer Umfeld auf kindergartenfrei?
Unser Umfeld besteht inzwischen aus überwiegend Freilerner-Familien, die alle kindergartenfrei sind. Von daher ist das eigentlich die Normalität und nicht die Ausnahme. Auch die Großeltern und andere Bekannte haben sich schon an unsere außergewöhnliche Situation gewöhnt. Schließlich waren wir jetzt eineinhalb Jahre auf Reisen, bevor wir an die freie Schule gegangen sind. Die Fragen kommen eher immer, ob Felix wohl eines Tages eine Schule besuchen wird.

Habt ihr ein Netzwerk aus anderen Selbstbetreuern?
Wenn ja, wie habt ihr es gefunden?
Ja, wir haben ein gutes Netzwerk, das wir überwiegend über das Internet gefunden haben. Jetzt natürlich auch über die freie Schule, aber wir haben auch schon einfach zu gemeinsamen Treffen im Ausland aufgerufen und viele sind diesem Ruf gefolgt.

Eine Familie, mit der wir seit zwei Jahren sehr intensiv zusammen sind, haben wir in unserer Heimatstadt kennengelernt, durch einen Mutter-Kind-Treff bei meiner Hebamme.

(Wie) schaffst du dir Freiräume für dich?
Wobei bekommst du Hilfe/Unterstützung?

Indem ich morgens zeitig aufstehe. Ich genieße die Ruhe am Morgen viel mehr als auszuschlafen. Dafür gehe ich abends mit den Kindern ins Bett. Ansonsten nehme ich mir einfach immer wieder Freiräume. Dadurch, dass mein Mann und ich beide unser Geld selbstständig über das Internet verdienen, können wir uns diese Zeit gut einteilen.

Hilfe und Unterstützung habe ich manchmal, wenn wir in unserer Heimatstadt bei den Großeltern sind. Das tut uns allen immer sehr gut.

Ansonsten versuchen wir gerade wieder, ein Netzwerk aus Freilerner-Familien zu organisieren, die dauerhaft zusammenleben oder reisen, um uns gegenseitig die Kinder etwas abzunehmen. Das haben wir bislang mit unseren Freunden und dem Jüngsten schon so gemacht und das klappt super.

Bist du nebenher berufstätig? Wenn ja, was machst du?

Ich habe einen eigenen Blog, biete Online-Kurse und Coaching zur Heilung des inneren Kindes an und arbeite als Grafikdesignerin. Mein Mann ist inzwischen als Webdesigner tätig und wir haben jetzt sogar, mit Freunden, eine gemeinsame Kreativagentur ins Leben gerufen.

Denkt ihr schon über die Schule nach? Tendiert ihr zu alternativen Schulen, schulfrei oder der Regelschule?

Wir hatten gerade erst die Erfahrung mit der Freien Schule. Ich finde es gut, dass es diese Alternativen gibt. Aber eigentlich wünsche ich mir ein Freilerner-Dorf, in dem es die Möglichkeit für Angebote gibt.

Regelschule kommt für uns einfach nicht mehr in Frage, weil es ein total veraltetes System ist, das dringend eine Reformation bräuchte. Selbst Montessori und Waldorf sind bereits hundert Jahre alt und nicht mehr auf dem Stand der jetzigen Zeit.

Hast du einen speziellen Tipp für andere Familien, die kindergartenfrei leben?

Ja, vertraut eurem Gefühl und vernetzt euch. In Deutschland ist es ja inzwischen eher die Ausnahme, dass Mütter lange bei ihren Kindern bleiben. Sozial gesehen, ist es aber für die Kinder mehr als wertvoll mindestens die ersten fünf Jahre bei der Mutter zu sein und sich da langsam dann wegzubewegen. Immer mit dem Wissen im Hintergrund; ich kann jederzeit zu meiner Mama zurück.

Deshalb gründet lieber Eltern-Kind-Büros, Lernorte, Familienzentren und Lebensräume mit anderen bewussten Familien zusammen. So kann dies wieder zu einer normalen Lebensform werden. Genau darum geht es: nicht die anderen zu ändern, sondern einfach auch dieser Form des Lebens wieder einen Raum zu geben.

Svenja K.

Mein Name ist Svenja, ich bin 31 Jahre alt, wohne in Wüstenrot bei Heilbronn, bin verheiratet und habe zwei Kinder im Alter von dreieinhalb Jahren und fünf Monaten.

Wie seid ihr zu kindergartenfrei gekommen?
Da wir vor Kurzem aufs Land gezogen sind, haben wir leider nicht mehr viele Familien mit kleinen Kindern um uns herum. Daher spielte ich ab und an mit dem Gedanken, es wäre vielleicht doch gut, meinen Sohn im Kindergarten anzumelden. Als ich ihm von meiner Idee erzählte, war er begeistert. Etwas nachdem unsere Tochter geboren wurde, schnupperten wir also ein paar Tage im Kindergarten. An sich hat es ihm dort sehr gefallen, jedoch wollte er nicht alleine dortbleiben. Und da es für mich nicht infrage kam, ihn weinen zu lassen oder irgendetwas zu tun, was er absolut nicht möchte, haben wir uns gegen den Kindergarten entschieden.

Wie sieht euer Tagesablauf aus? Habt ihr bestimmte Rituale oder feste wöchentliche Termine?
Unser festes Ritual ist es, gemeinsam auszuschlafen und zu kuscheln. Wir haben zweimal die Woche einen festen Termin: Wir gehen ins Kinderturnen und an einem anderen Tag in die Musikschule. Ansonsten machen wir, was uns Spaß macht und spontan in den Sinn kommt. Da wir direkt am Wald wohnen, sind wir bei fast jedem Wetter draußen.

Wie reagiert euer Umfeld auf kindergartenfrei?
Leider werden wir ziemlich schräg angeschaut, wenn die Leute hören, dass Mats nicht in den Kindergarten geht. Zum Glück steht ein Teil unserer Familie voll hinter uns.

Habt ihr ein Netzwerk aus anderen Selbstbetreuern? Wenn ja, wie habt ihr es gefunden?
Über die tolle Seite Kindergartenfrei.org haben wir Anschluss gesucht und ich habe mich extra bei Facebook registriert, um deren Facebook Gruppe Kindergartenfrei beizutreten. Mittlerweile habe ich darüber ein paar Mamas aus der Gegend kennen gelernt, mit denen wir uns auch regelmäßig treffen.

(Wie) schaffst du dir Freiräume für dich? Wobei bekommst du Hilfe/Unterstützung?
Freiräume für mich sind leider rar. Wir haben das Glück, dass meine Mama mit bei uns im Haus wohnt, und so habe ich immer mal wieder etwas Unterstützung.

Bist du nebenher berufstätig? Wenn ja, was machst du?
Nein.

Denkt ihr schon über die Schule nach? Tendiert ihr zu alternativen Schulen, schulfrei oder der Regelschule?
Ja, ich blicke leider schon etwas besorgt auf die Schulzeit und hoffe, dass ich bis dahin eine gute Lösung finden werde. Ich persönlich würde die Kinder am liebsten Freilerner sein lassen, eventuell kommt auch eine Alternative Freie Schule in Frage.

Hast du einen speziellen Tipp für andere Familien, die kindergartenfrei leben?
Mein Tipp ist, sich gut mit anderen Kindergartenfrei-Mamis zu vernetzen und sich vor allem nicht reinreden zu lassen, egal von wem, niemals. Dafür immer auf sein Bauchgefühl zu hören, egal wie schräg man von anderen angeschaut wird.

Johanna M.

Wir sind Klaus und Johanna und haben eine vierjährige Tochter (und hoffentlich bald noch ein Baby).

Wie seid ihr zu kindergartenfrei gekommen?
Als ich schwanger war, schien es mir selbstverständlich, dass meine Tochter einmal in den Kindergarten gehen würde. Aber da hatte ich ehrlich gesagt noch keine Ahnung und es schien mir auch selbstverständlich, dass die Kleine nach vier Monaten mal ein Wochenende bei den Großeltern übernachten würde, damit wir Eltern mal wieder weggehen könnten. Oder dass ich arbeite, wenn sie abends ab 18 oder 19 Uhr schläft bis zum nächsten Morgen. Was man eben manchmal für Vorstellungen hat von Dingen, die noch in ferner Zukunft liegen.

Man wächst eben in Situationen rein, und desto mehr ich mich mit Fremdbetreuung beschäftigte, mit der Qualität derselben und der Auswirkung auf Kinder, und desto mehr ich meine Tochter kennen lernte, desto klarer wurde mir, dass sie definitiv niemals in einen herkömmlichen Kindergarten gehen wird.

Ich bin nicht generell dagegen, Kinder anderswo betreuen zu lassen als zu Hause, aber ich finde diese Art der institutionellen Kinderbetreuung nicht gut, bei der es weniger um Individualismus und freies Entfalten geht, und vor allem um Kindheit, als um Konformismus und »Vorbereitung auf den Ernst des Lebens«, mit allem was dazu gehört: strikte Regeln, Hierarchien, wenige Freiheiten, Verlust der Individualität. Ich möchte kein angepasstes, funktionierendes Kind, sondern ein sich frei entfaltendes mit einer freien Kindheit.

Ein weiterer Aspekt, der mich zu Anfang, als wir uns wirklich mal vorsorglich Kindergärten angeschaut hatten (da war die Kleine so eineinhalb), hat zweifeln lassen, war die Ernährung: Ich esse vegan, mein Mann und die Kleine vegetarisch, und an unserem alten Wohnort haben wir keine einzige Kita gefunden, bei der sie fleisch- und fischfreies

Essen hätte bekommen können. Stattdessen stand »kinderfreundliches«, »gesundes« Essen wie Pommes, Chicken Nuggets und Pizza auf dem Programm.

Bei allen vier Kitas, die wir uns jemals angeschaut haben, gab es außerdem Strafen wie den »Stillen Stuhl« – auch ein absolutes No-Go wie ich finde.

Wie sieht euer Tagesablauf aus? Habt ihr bestimmte Rituale oder feste wöchentliche Termine?

Wir leben recht frei und in den Tag hinein. Wir mögen alle drei feste Termine und Verpflichtungen nicht besonders gern. Einmal die Woche gehen wir in eine Waldspielgruppe, und samstags geht mein Mann mit der Kleinen schwimmen.

Mein Mann geht arbeiten, ich bin mit der Kleinen zu Hause (und ich hasse den Begriff »Hausfrau«!). Wir schlafen meist aus und dann entscheiden wir gemeinsam, was wir den Tag über tun wollen, bis Papa um vier Uhr heim kommt. Wir machen oft Ausflüge, im Sommer auch mal weiter weg, sind viel draußen, basteln sehr viel, und verbringen, vor allem im Winter, ganze Tage in der Bücherei.

Wie reagiert euer Umfeld auf kindergartenfrei?

Das nähere Umfeld, also letztendlich die Leute, die zählen, finden es okay – aber sie kennen uns ja nun auch schon eine Weile.

Andere, Nachbarn, entfernte Bekannte, Bekannte aus der Krabbelgruppe von früher etc., reagieren oft mit Überraschung und Unverständnis, und oft kommen Bemerkungen wie »aber sie muss doch Regeln lernen« (ach ja? Unter zwanzig anderen Kindern? Lernt sie denn zu Hause und bei Freunden keine?). Oder: »Später in der Schule wird sie dann aber nicht zurechtkommen« (wieso das denn?). Oder: »So kann sie doch kein Sozialverhalten lernen« (als ob man das nur in einer wild durcheinander gewürfelten Gruppe mit fremden Menschen lernt und nicht in der Familie, bei Freunden, auf dem Spielplatz etc.).

Die meisten sagen auch: »Aber dann fehlt ihr doch die Förderung aus dem Kindergarten, du bist ja keine Pädagogin und kannst ihr das nicht bieten.« Das ist mein Lieblingsargument, das mich eigentlich nur bestätigt. Ich denke nämlich nicht, dass ein normal entwickeltes vierjähriges Kind pädagogische Frühförderung braucht, und es braucht auch keinen Pädagogen, sondern Freiheit, um sich zu entfalten. Und Liebe und Geborgenheit. Dann lernt es alles, was es braucht und vor allem, was sie interessiert, von selbst (und ich denke sogar besser).

Man muss ja auch einfach darüber nachdenken, wem diese Frühforderung nutzt, finde ich. Nutzt sie den Kindern? Macht es sie glücklicher und eine Kindheit schöner? Oder stehen dahinter andere Interessen, eventuell auch wirtschaftliche?

Habt ihr ein Netzwerk aus anderen Selbstbetreuern? Wenn ja, wie habt ihr es gefunden?

Wir sind es gerade am Aufbauen und finden die Leute meist über das Internet, in Facebookgruppen oder in meinem Lieblings-Familienforum (Rabeneltern-Forum). Wir haben aber auch einige gute Freunde, deren Kinder in Kindergärten gehen, und ich finde, es ist kein Problem. Man trifft sich eben um 16 Uhr und nicht vormittags. Und ein Streitthema unter Freunden ist es bei uns eigentlich auch nie.

(Wie) schaffst du dir Freiräume für dich? Wobei bekommst du Hilfe/Unterstützung?

Wenn mein Mann von der Arbeit kommt, spielt er mit der Kleinen, damit ich Yoga machen oder in der Badewanne lesen kann.

Zwei- oder dreimal die Woche gehe ich mit der Kleinen ins Fitnessstudio, manchmal morgens, oft auch abends oder am Wochenende mit meinem Mann zusammen. Dort gibt es eine Kinderspielgruppe, bei der die Kinder solange spielen können, da liebt es meine Tochter sehr, und wir haben zwei Stunden für Sport oder einfach, um in die angegliederte Sauna zu gehen und zu entspannen.

Seit Kurzem haben wir eine Babysitterin, die ab und an mal kommt, damit mein Mann und ich abends mal essen gehen können oder einfach nur gemeinsam spazieren oder so.

Ansonsten kann ich im Alltag auch viele Dinge mit der Kleinen gemeinsam machen. Sie liebt es zum Beispiel, wenn ich ihr aus meinen Büchern vorlese. Manchmal liegen wir gemeinsam eine Stunde auf dem Sofa und ich lese ihr vor. Da muss man natürlich bloß die Bücher ganz genau auswählen und keine Stephen King-Schinken nehmen.

Und ja, wenn ich krank bin (ab und an plagt mich eine schlimme Migräne), dann darf sie mittlerweile auch mal zwei Stunden Löwenzähnchen oder Die Sendung mit dem Elefanten gucken. Böse Zungen könnten mir vorwerfen, die Sendungen in diesen Momenten als Betreuungsersatz zu verwenden – aber erstens wäre es doch nachmittags ähnlich, wenn es mir mal schlecht ginge nach dem Kindergarten, und zweitens finde ich Medien nicht per se schädlich, wenn man sie sorgfältig auswählt. Und auf jeden Fall weniger schädlich, als zum Beispiel immer wieder weinend in einem Kindergarten abgegeben zu werden.

Bist du nebenher berufstätig? Wenn ja, was machst du?
Nein, zurzeit nicht. Wir sind gerade an den Planungen für das zweite Kind und haben dieses Jahr auch schon mit einigen Reisen verplant – da hätte es sich momentan nicht gelohnt, davor einen Job zu suchen. Mein Mann wird beim zweiten Kind ein Jahr Elternzeit nehmen, und sobald es passt, werde ich mich nach etwas Passendem umschauen.

Denkt ihr schon über die Schule nach? Tendiert ihr zu alternativen Schulen, schulfrei oder der Regelschule?
Wir wünschen uns sehnlichst, dass die Kleine auf die nahe gelegene Montessori-Schule kann, die wir auch schon von einem Projekt kennen. Wenn das nicht klappt und sie theoretisch auf die örtliche Regelschule müsste, wird mich das wahrscheinlich erst mal in ziemliche Verzweiflung stürzen. Naja, es sind noch eineinhalb Jahre bis dahin (die wahrscheinlich viel zu

schnell vorbei gehen werden) und noch etwas Zeit, nach Alternativen zu suchen.

Schulfrei find ich eine ganz tolle Sache. Falls einer von uns mal im Lotto gewinnt, werden wir jahrelang um die Welt reisen und Homeschooling machen, aber bis dahin möchten wir schon in Deutschland bleiben – und da sind mir die Hürden für schulfrei zu hoch.

Hast du einen speziellen Tipp für andere Familien, die kindergartenfrei leben?

Nicht verunsichern lassen. Es ist total egal, was andere sagen und denken – sie kennen es einfach nicht anders.

Lena Busch

Verheiratet, 42 Jahre alt, drei Kinder: zehn, sieben und vier Jahre alt

Wie seid ihr zu kindergartenfrei gekommen?

- Kind 1: gescheiterter Kindergartenbesuch – Kind wollte nicht in den Kindergarten,
- Kind 2: aus Überzeugung
- Kind 3: aus Überzeugung, Kind könnte in freien Kindergarten

Mir ist es wichtig, dass die Kinder gehen dürfen, wenn sie wollen.

Wie sieht euer Tagesablauf aus? Habt ihr bestimmte Rituale oder feste wöchentliche Termine?

Wir haben keinen festgelegten Tagesablauf. Teilweise treffen wir uns mit anderen Familien bzw. viel entsteht auch durch Unternehmungen mit den großen Geschwistern. Der einzig feste Termin ist der Malort.

Wie reagiert euer Umfeld auf kindergartenfrei?

Kein Problem – auf dem Dorf gab es immer wieder Kinder, die nicht in den Kindergarten gingen, und wir sind damit auch immer offen umgegangen. Inzwischen haben wir auch andere kindergartenfreie Freunde und Bekannte.

Habt ihr ein Netzwerk aus anderen Selbstbetreuern? Wenn ja, wie habt ihr es gefunden?

Selbstgeschaffen – Facebook-Gruppen gegründet und in Faceook-Gruppen und Foren gefragt/gesucht. Wir reisen viel und verabreden uns auch »anderswo«. Mit einer anderen Selbstbetreuerin zusammen habe ich ein Mütterteam und einen kleinen Rockzipfel gegründet.

(Wie) schaffst du dir Freiräume für dich?
Wobei bekommst du Hilfe/Unterstützung?

Mein Mann, meine Familie und ich sind ein gutes »Team«. Ich habe mir Strukturen und Planungen geschaffen, wo sie mir nutzen. Ich verwende einiges, was mich entlastet, wie Lieferdienste oder Geräte wie einen Staubsaugerroboter.

Bist du nebenher berufstätig? Wenn ja, was machst du?

»Nebenher« trifft es höchstens zeitlich. Ich bin Life and Business Coach und unterstütze als Online-Unternehmerin Mütter auf ihrem Weg zu einem bedürfnisorientierten Familienleben und einem genau darauf angepassten Online-Business.

Denkt ihr schon über die Schule nach? Tendiert ihr zu alternativen Schulen, schulfrei oder der Regelschule?

Wir waren eine Zeitlang dauerreisend/schulfrei und haben jetzt eine freie Schule.

Hast du einen speziellen Tipp für andere Familien, die kindergartenfrei leben?

Suche dir andere Selbstbetreuer und schaffe dir ein Netzwerk. Entlaste dich. Du brauchst keinen Supermom- oder Superhausfrau-Award.

Corinna Mailänder

Wir sind eine dreiköpfige Familie. Mein Mann ist 44. Meine Tochter fünf und ich 34 Jahre alt.

Für uns kam eine Fremdbetreuung unter drei Jahren nie in Frage. Mein Mann und ich waren uns einig, dass wir einen Versuch mit drei Jahren starten würden. Leider gibt es in unserer Stadt ausnahmslos Kindergärten mit offenem Konzept und Minimum 45 Kindern.

Letztendlich haben wir uns einen Kindergarten ausgesucht, bei dem die Erzieherinnen einen empathischen und kompetenten Eindruck gemacht haben. Leider war auch dieser Kindergarten mit offenem Konzept und 70 Kindern.

Bei dem Aufnahmegespräch machten mein Mann und ich deutlich, dass wir Wert auf eine langsame Eingewöhnung legen und es uns wichtig ist, dass unsere Tochter einen Bezug zu einer Erzieherin aufgebaut haben muss, bevor eine erste Trennung stattfindet. Die Erzieherinnen nahmen uns in der Hinsicht ernst und versuchten dies umzusetzen.

Die Hektik und der Lärm machten unserer Tochter aber sehr schwer zu schaffen. Auch war die Bezugserzieherin oft krank und die Zuverlässigkeit fehlte. Es war ein ständiges Auf und Ab und fühlte sich für uns nicht gut an. Wir hatten den Eindruck, dass unsere Tochter sich nicht wirklich wohl fühlt und dort nicht ankommen kann und will. Wir führten Gespräche mit unserer Tochter, hielten Rücksprache mit den Erziehern.

Mein Mann und ich kamen zu dem Ergebnis, dass es so nicht weitergehen konnte. Wir merkten, dass es unserer Tochter nicht gut ging. Sie äußerte immer deutlicher, dass sie nicht in den Kindergarten möchte. Sie war richtig glücklich, wenn es mal einen Schließtag gab oder Ferien waren und sie nicht hin »musste«.

Unzählige Male sind wir hin- und zusammen wieder nach Hause gefahren, weil ich sie nicht weinend abgeben wollte. Mein Mann und ich waren uns einig, dass wir unsere Tochter wieder abmelden mussten. Als dieser Schritt getan war, waren wir alle erleichtert. Am meisten unsere Tochter

– sie blühte regelrecht auf. Wir hatten von dieser Fremdbetreuung keinen Mehrwert – eher das Gegenteil war der Fall. Ich bin auch heute noch davon überzeugt, dass ein Kindergarten für die Entwicklung der Kinder nicht notwendig ist. Natürlich unter der Voraussetzung, dass sie daheim kompetent betreut werden.

Da ich selbstständig bin und meine Schwiegermutter und Mutter uns unterstützen, kann ich trotz Selbstbetreuung meiner Arbeit nachgehen. Ich bin Fotografin und kann meine Shooting-/Fototermine so legen, dass eine der Omas in dieser Zeit auf unsere Tochter aufpassen kann. Die Büroarbeit und Bildbearbeitung mache ich entweder, wenn mein Mann daheim ist oder unsere Tochter schläft.

Natürlich bin ich durch die Umstände eingeschränkt und ich kann nicht mehr so viele Aufträge annehmen wie früher – aber die Zeit wird wieder kommen, und das Wohl unserer Tochter ist mir einfach wichtiger.

Einen festen Tagesablauf haben wir nicht, da wir uns oft spontan entscheiden, was wir unternehmen. Unsere Tochter geht zwischen 22 und 23 Uhr schlafen und steht morgens um neun Uhr auf. So kann ich morgens noch etwas arbeiten.

Wir gehen oft in die Natur. Walderlebnispfade und Barfußpfade sind beliebte Ausflugsziele. Wanderungen macht sie toll mit und unterwegs sammeln wir Beeren und essbare Wildpflanzen. Bei schlechtem Wetter besuchen wir Museen, gehen schwimmen oder backen gemeinsam.

An den Nachmittagen treffen wir uns mit Freunden, deren Kinder den Kindergarten besuchen. Ansonsten haben wir uns über Kindergartenfrei.org mit gleichgesinnten Familien vernetzt. Bei Facebook habe ich gemeinsam mit zwei anderen Kindergartenfrei-Mamas eine regionale Facebookgruppe gegründet. Inzwischen treffen wir uns in diesem Rahmen mindestens ein Mal die Woche und unternehmen gemeinsam die unterschiedlichsten Dinge.

Unser Umfeld reagiert sehr unterschiedlich auf unsere Lebensweise. Die meisten haben es inzwischen akzeptiert und fragen nicht mehr nach. Vielleicht liegt es daran, dass unsere Tochter in keinem Bereich »Defizite« aufweist. Wir wissen natürlich trotzdem, dass der Großteil es nicht nachvollziehen kann und nicht für richtig hält. Wir rechtfertigen uns allerdings nicht für unseren Lebensstil und lassen uns nicht auf Diskussionen ein. Da ich schlagfertig gegen Kindergartenbetreuung argumentieren kann und wir selbst Erfahrung mit einer Einrichtung hatten, sind wir in der Hinsicht nicht angreifbar.

Das Thema Schule beschäftigt uns aktuell sehr. Das deutsche Schulsystem ist ja leider nicht das beste und es bieten sich nur wenige Alternativen. Wir möchten den Unterricht an einer Regelschule vermeiden und haben uns schon eine Freie Schule angeschaut.

Für unsere Kinder würde ich es großartig finden, wenn es in Deutschland als offizielle und anerkannte Wahlmöglichkeit Homeschooling und/oder Freilernen geben würde. Weg von der Schulpflicht – hin zur Bildungspflicht. Wir haben gehofft, dass sich in dem Bereich bis zur Einschulung unserer Tochter einiges tut, dem ist aber leider nicht so. Mit der Schulfreibewegung werden wir uns noch auseinandersetzen.

Anderen Familien würde ich empfehlen, auf das Bauchgefühl und den Instinkt zu hören. Was wollen wir als Familie? Was will das Kind? Und was wollen wir (als Eltern) für das Kind? Vielleicht das eigene Lebensmodell zu überdenken, um kindergartenfrei leben zu können (wenn man es will). Es ist unglaublich entlastend, wenn man sich von den vermeintlichen Pflichten, die einem von der Gesellschaft auferlegt werden, befreit.

Jede Familie sollte ihren eigenen Weg finden können und dürfen – auch wenn das Umfeld unerfreut darauf reagiert. Eine Vernetzung von Gleichgesinnten ist dabei sehr hilfreich und es gibt viel mehr Familien, die kindergartenfrei leben als man denkt. Dafür gibt es inzwischen das Internetportal Kindergartenfrei.org. Auch bei Facebook gibt es Regionalgruppen, in denen man schnell Gleichgesinnte mit Kindern jeden Alters findet. So konnten wir schon wirklich tolle Freundschaften aufbauen.

Natürlich ist es nicht immer einfach, aber ich bin mir sicher, dass sich die Entscheidung, kindergartenfrei zu leben, lohnt. Unsere Lebensqualität hat dadurch enorm profitiert.

Ich wünsche mir, dass vielen Familien bewusst wird, wie wichtig Familie eigentlich ist. Dass ein gesundes Urvertrauen das beste Werkzeug für das Kind ist, um in dieser Welt zurecht zu kommen. Dass es keine aggressiven Auseinandersetzungen mit anderen Kindern im Kindergarten benötigt, um sich im späteren Leben durchsetzen zu können. Dass gemeinsames Spielen auch in einem anderen Rahmen stattfinden kann. Und zwar in einem wertschätzenden, verständnisvollen Rahmen auf Augenhöhe.

Sonia Rehehäuser

Mein Name ist Sonia Rehehäuser, ich bin 33 Jahre alt und habe drei Kinder im Alter von vier Jahren, zwei Jahren und zwei Monaten. Ich bin verheiratet und Vollzeit mit den Kindern zu Hause.

Wie seid ihr zu kindergartenfrei gekommen?
Ich kam zu kitafrei, weil ich selber mit einer Mutter aufgewachsen bin, die zu Hause geblieben ist und für uns Kinder da war. Ich habe es sehr genossen. Somit war von Anfang an für mich klar, dass ich meine Kinder vor drei Jahren in keine Betreuung gebe.

Auf kindergartenfrei kam ich dann über schulfrei. Ich stieß im Internet auf ein Video von André Stern, in dem er erläuterte, wie er als schulfreier Junge in Paris aufwuchs. Seine Art zu lernen stieß sofort auf Resonanz in mir. Ich brauchte keine Studien anzuschauen, um für mich zu wissen, dass ich mir diese Art der Kinderbegleitung für mich und meine Kinder von Herzen wünsche.

Das Leben ist ein ständiges Lernen. Wenn Kinder in einer vertrauens- und liebevollen Umgebung, spielerisch und in ihrem individuellen Rhythmus ohne externe Wertungen lernen können, dann bin ich überzeugt, dass sie ihr angeborenes Selbstbewusstsein, ihre Liebe, ihre Kreativität und ihre Neugier auf das Leben behalten und alles lernen können, was sie von Herzen möchten.

Ich bin außerdem der Meinung, dass unsere Kinder perfekt auf die Welt kommen. Sie haben alles, was sie brauchen, um ihren ganz persönlichen Weg zu gehen. Ich sehe meine Aufgabe darin, sie lediglich auf diesem Weg zu begleiten und ihnen ihr Sein zu bewahren.

Wie sieht euer Tagesablauf aus? Habt ihr bestimmte Rituale oder feste wöchentliche Termine?

Unser Tagesablauf sieht folgendermaßen aus:

- Aufstehen gegen sechs Uhr
- gemeinsames in den Tag starten auf dem Sofa (Kuscheln, Bücher lesen, reden etc.)
- Frühstücken
- Vater geht Arbeiten (Homeoffice), wir spielen irgendetwas
- gemeinsames Einkaufen
- ich koche, während die Kinder zusammen sind
- 12 Uhr gemeinsames Mittagessen
- auf dem Sofa sitzen
- nachmittags gehen wir raus (treffen andere Leute, gehen auf den Spielplatz etc.)
- 17 Uhr kommen wir zurück
- gemeinsames Aufräumen und Putzen
- Tag auf dem Sofa ausklingen lassen
- 18.45 Uhr Abendritual: Vorlesen, Musik, Handpuppe
- 19.00 bis 19.30 Uhr Kinder schlafen
- dann gehe ich mit der Jüngsten raus aus dem Schlafzimmer und habe bis 21 Uhr noch Zeit für mich bzw. mit meinen Mann

Wie reagiert euer Umfeld auf kindergartenfrei?

Bisher kritisch bis positiv. Manche können nicht ganz nachvollziehen, warum wir das tun, wenn wir bzw. speziell ich als Mutter es doch viel einfacher haben könnte. Fragen nach sozialen Kontakten kommen immer wieder auf. Viele Freunde begleiten uns sehr unterstützend auf diesem Weg.

Habt ihr ein Netzwerk aus anderen Selbstbetreuern? Wenn ja, wie habt ihr es gefunden?

Ja. Gefunden über Gemeinschaftssuche bzw. Internet. Wir sind im Aufbau.

(Wie) schaffst du dir Freiräume für dich?
Wobei bekommst du Hilfe/Unterstützung?
Durch die frühe Bettzeit der Kinder habe ich abends noch ca. zwei Stunden für mich. Meine Mutter nimmt die zwei Großen ein- bis zweimal die Woche. Ansonsten unterstützt mich mein Mann dadurch, dass er zu Hause arbeitet, immer wieder. Wir haben ausgemacht, dass er als Selbstständiger von 8 bis 17.30 Uhr arbeitet. Wochenende und vor dem Zubettgehen der Kinder ist dann Familienzeit. Diese Abmachung hilft mir sehr.

Bist du nebenher berufstätig? Wenn ja, was machst du?
Nein.

Denkt ihr schon über die Schule nach? Tendiert ihr zu alternativen Schulen, schulfrei oder der Regelschule?
Priorität ist das, was unsere Kinder brauchen. Wir als Eltern beschäftigen uns mit verschiedenen Schulformen. Generell ist es für uns aber weniger eine Frage der Schulform, als vielmehr welches Umfeld unsere Kinder benötigen, um ihren Weg bestmöglich gehen zu können.

Hast du einen speziellen Tipp für andere Familien, die kindergartenfrei leben?
Gehe mit dem, was sich für dich im Herzen stimmig anfühlt. Gehe langsam und Schritt für Schritt. Es ist nicht nötig den ganzen Weg zu kennen, der nächste Schritt reicht. Vernetzung ist für mich essentiell. Gleichgesinnte zu treffen hilft sehr!

Patricia Becker

Ich bin Patricia, 36 Jahre alt, verheiratet und Mama von zwei wunderbaren Mädchen (vier und eineinhalb Jahre alt).

Wie seid ihr zu kindergartenfrei gekommen?
Für uns stand bereits seit der Geburt unserer ersten Tochter fest, dass ich mindestens die ersten drei Jahre mit ihr zu Hause bleibe. Ich habe also drei Jahre Elternzeit genommen. Zweieinhalb Jahre später wurde dann unsere zweite Tochter geboren. Auch für sie habe ich drei Jahre Elternzeit eingereicht. Ich bin also sowieso zu Hause und wollte meine Große dann nirgendwo abgeben. Sie hat bisher auch nicht den Wunsch geäußert, in den Kindergarten gehen zu wollen. Wir genießen die Tage gemeinsam und möchten uns schon allein den morgendlichen Stress sparen, den Wecker zu stellen und uns anziehen zu müssen, damit wir rechtzeitig in den Kindergarten kämen. So gestalten wir uns den Tag, wie er uns gefällt, und das passt hier für alle ganz gut.

Wie sieht euer Tagesablauf aus? Habt ihr bestimmte Rituale oder feste wöchentliche Termine?
Wir schlafen so lange, bis alle Kinder ausgeschlafen haben, dann gehen wir ins Bad und ziehen uns an, richten gemütlich den Frühstückstisch und nach dem Frühstück wird erst einmal zusammen eine Runde gespielt. Anschließend kochen wir gemeinsam Mittagessen. Hierfür haben wir extra zwei Lerntürme, mit denen beide Kinder mit an der Arbeitsplatte stehen können, um beim Gemüse schneiden zu helfen oder schon etwas davon zu probieren. Während das Essen kocht, erledigen wir zusammen meist noch etwas Hausarbeit oder spielen wieder zusammen. Je nach Lust und Laune.

Wir essen gemeinsam und anschließend gehen wir spazieren. Entweder auf den nahegelegenen Spielplatz, in den Park oder in die Stadt, um Erledigungen zu machen. Wir wohnen mitten im Zentrum, daher ist für uns alles sehr gut zu Fuß zu erreichen.

Je nach Jahreszeit verbringen wir den ganzen Nachmittag draußen oder kommen zum Nachmittagssnack wieder nach Hause, um uns aufzuwärmen. Einmal die Woche gehen wir nachmittags zum Kinderturnen, einen Vormittag zur »Musik von Anfang an«. Das ist ein Kurs von der Familienbildungsstätte, den wir besuchen, seit unsere große Tochter ein Jahr alt ist. Und einen weiteren Vormittag gehen wir schwimmen. Das ist ein großer Vorteil von kindergartenfrei, dass am Vormittag überall wenig los ist und wir uns die Zeit nehmen können, die wir benötigen, ohne hetzen zu müssen.

Wie reagiert euer Umfeld auf kindergartenfrei?
Eher durchwachsen. Es gibt einige wenige Leute, die das gut finden und sagen »das sei das Beste, was man machen kann«. Das sind aber eher ältere Menschen, die uns da positiv begegnen. Andere Familien mit Kindern werfen uns vor, dass wir unseren Kindern etwas Wichtiges wegnehmen würden, das sie für ihre Entwicklung und als Vorbereitung auf das spätere Leben bräuchten. Die meist genannten Punkte sind hier die Sozialisation und das Spiel mit Gleichaltrigen. Einmal wurde mir auch gesagt, dass ich meine Kinder wohl einfach nicht loslassen könne.

Oft habe ich aber auch das Gefühl, dass sie rechtfertigen möchten, warum sie selbst ihre Kinder in den Kindergarten geben, und deshalb versuchen, einem ein schlechtes Gewissen einzureden, wenn man es anders machen möchte. Andere wiederum sagen, dass sie das auch gerne so leben würden, es aber aus finanziellen Gründen nicht ginge. Und zwei Mamas haben mir gegenüber geäußert, dass sie gar nicht wussten, dass das überhaupt geht. Sie dachten, dass ihre Kinder in den Kindergarten gehen müssten.

Habt ihr ein Netzwerk aus anderen Selbstbetreuern?
Wenn ja, wie habt ihr es gefunden?
Ja, mittlerweile haben wir ein kleines Netzwerk aus anderen Selbstbetreuern. Ich habe bei Facebook eine Gruppe gegründet (»kindergartenfrei

Schwäbisch Hall«) und hierüber andere Mamas gefunden, die ihre Kinder auch selbst betreuen. Den Anstoß hierfür gab mir ein Treffen mit Sophie Mikosch, als sie in meiner Nähe ein Öko-Mama-Picknick organisiert hatte. Der Austausch und der Nachmittag gaben mir so viel Energie, dass ich dachte, es muss doch noch andere Familien geben, die auch kindergartenfrei leben.

Daraufhin habe ich aktiv gesucht und glücklicherweise auch gefunden. Wir möchten nun auch weiter Werbung für unsere Gruppe machen. Sobald das Wetter wieder besser ist, werden wir die Spielplätze und andere Familienorte mit kleinen Plakaten zu unserer Gruppe bestücken und hoffen dann, dass wir noch mehr Gleichgesinnte finden.

(Wie) schaffst du dir Freiräume für dich?
Wobei bekommst du Hilfe/Unterstützung?

Ja, das ist bei mir ein Thema, das wirklich (noch) etwas zu kurz kommt bzw. bei dem ich gerade erst lerne, Hilfe anzunehmen und mir selbst etwas Gutes zu tun, sowie meine Ansprüche herunterzuschrauben, alles selber machen zu müssen. Glücklicherweise habe ich einen sehr engagierten Mann an meiner Seite, dem Familie ebenfalls sehr wichtig ist. Er arbeitet zwei Tage die Woche von zu Hause aus. Selbst wenn er da natürlich arbeiten muss, ist es doch schon ein gutes Gefühl, dass noch jemand da ist. Und auch gemeinsam frühstücken oder Mittag essen zu können, ist einfach toll.

Außerdem wohnt meine liebe Schwiegermama ganz in der Nähe und ist ganz oft bei uns zu Besuch. Einmal pro Woche ist bei uns Oma-Tag, da ist sie bei uns zu Hause und spielt mit den Kindern, und auch beim Kinderturnen und Schwimmen ist sie dabei. In der Zeit, in der sie da ist, bekomme ich dann meistens etwas im Haushalt geschafft oder kann etwas für mich tun. Da lerne ich aber auch gerade erst, dass ich in dieser Zeit dann auch genießen darf und nicht nur putzen muss.

Und meine Eltern, auch wenn sie zweihundert Kilometer entfernt wohnen, kann ich jederzeit anrufen, wenn Not am Mann ist und dann kommen sie zur Unterstützung. Abends, wenn die Kinder schlafen, nutze ich die Zeit nun auch öfter, um mir noch eine Tasse Tee zu machen und ein bisschen zu lesen.

Bist du nebenher berufstätig? Wenn ja, was machst du?
Nein, ich bin derzeit nicht berufstätig.

Denkt ihr schon über die Schule nach? Tendiert ihr zu alternativen Schulen, schulfrei oder der Regelschule?
Ja, wir denken schon viel über die Schule nach und kommen mehr und mehr zu dem Entschluss, dass wir schulfrei leben möchten.

Als wir anfingen, uns mit der Materie zu beschäftigen, haben wir uns zunächst einmal die alternativen Schulen herausgesucht und verglichen. Aber irgendwie ist das für uns alles nicht das Gelbe vom Ei. Eine Zeit lang haben wir überlegt, ob wir eine eigene Schule gründen möchten, sind aber auch davon wieder abgekommen.

Wir erleben, dass unsere Kinder im Alltag so wissbegierig sind und die Dinge lernen, die sie gerade interessieren, dass wir ihnen das mit dem System Schule nicht nehmen möchten. Wir sind überzeugt davon, dass Kinder von sich aus lernen möchten und so im Leben genau das Richtige für sie glücklich Machende finden. Wenn unsere Kinder jedoch eine Schule besuchen möchten, dürfen sie das natürlich. Aber müssen werden sie es nicht.

Hast du einen speziellen Tipp für andere Familien, die kindergartenfrei leben?

Ich kann nur sagen: Sucht euch ein Netzwerk aus Gleichgesinnten oder gründet eine kindergartenfrei Regionalgruppe. Mir selbst hat es sehr geholfen, dass ich mit unserem Weg nicht mehr alleine dastehe und in Austausch mit anderen Mamas gehen kann, die unsere Art zu leben verstehen.

Und jetzt du! – Ins Handeln kommen

Damit es nicht bei der reinen Lektüre dieses Ratgebers bleibt, sondern sich in deinem Leben wirklich etwas zum Besseren wendet, solltest du die Tipps und Impulse aus dem Buch sobald wie möglich in die Praxis umsetzen. Frei nach dem, nimm dir am besten gleich jetzt Stift und Papier zur Hand und mache dir eine ToDo-Liste oder Notizen.

Viel Spaß dabei!

- Was werde ich noch diese Woche tun, um mich mit *Gleichgesinnten* zu *vernetzen*?
- In welchen Punkten möchte ich unseren *Tagesablauf* noch *optimieren*?
- Was werde ich ab sofort umsetzen, um den *Haushalt in den Griff* zu bekommen?
- Welchen Zeitpunkt halte ich fest für mich frei, damit ich mir in Ruhe über meine *Ziele und Visionen* Gedanken machen kann?
- Auf welche Art und Weise möchte ich mir in Zukunft *Unterstützung* holen, damit ich im Alltag zu *mehr Ruhepausen* komme?
- Welche Ideen für die *Berufstätigkeit* spuken mir im Kopf herum?
- Und das waren noch lange nicht alle Fragen!

Anhang

Bonus-Seite zum Buch

Sämtliche Bücher und Internetadressen, die ich in diesem Buch erwähnt habe, findest du noch einmal übersichtlich aufgelistet online auf der Bonus-Seite zum Buch.

Außerdem habe ich dort ergänzende, zum Thema passende Literaturempfehlungen und Links für dich notiert. Die Adresse der Bonus-Seite ist:

www.muetterimpulse.de/kindergartenfrei-bonus/

Wie hat dir dieses Buch gefallen?

Ich freue mich sehr über deine Meinung zum Buch an folgende E-Mail Adresse: sophie@muetterimpulse.de

Hast du weitere Fragen, die in diesem Buch nicht beantwortet wurden, oder willst du mir von deinen kindergartenfreien Erfahrungen berichten? Auch dann freue ich mich, von dir zu hören.

Wenn dir das Buch gefallen hat, empfehle es doch anderen selbstbetreuenden Müttern weiter oder hinterlasse eine Rezension auf Amazon.

Vielen Dank und alles Gute für deinen Weg!

Über die Autorin Sophie Mikosch

Sophie Mikosch, geboren 1988, ist Kulturwissenschaftlerin und Mutter von zwei Kindern. Nach der Geburt ihrer zweiten Tochter gründete sie Mütterimpulse.

Die Entscheidung, ihre Kinder selbst zu betreuen, fiel nach einem gescheiterten Eingewöhnungsversuch ihrer Tochter im Waldkindergarten. Über ihren persönlichen Weg zum Familienleben ohne Kindergarten berichtet sie ausführlicher in einem Blogartikel auf Mütterimpulse.

Über Mütterimpulse

Mütterimpulse ist seit 2016 *der* Treffpunkt für Mütter, die anders denken: bedürfnisorientiert, umweltbewusst, achtsam.

Mütterimpulse vernetzt gleichgesinnte Familien, sowohl online als auch bei lokalen Treffen und Familienurlauben.

Die Themen des Blogs sind: Alternative Wege rund um Schwangerschaft, Geburt, Baby- und Kleinkindzeit, Attachment Parenting, Achtsamkeit, unerzogen, kindergartenfrei, Mama im Öko-Business und mehr.

- Mütterimpulse Homepage
  www.muetterimpulse.de/
- Mütterimpulse auf Facebook
  www.facebook.com/muetterimpulse.de/
- Mütterimpulse auf Pinterest
  www.pinterest.de/muetterimpulse/

Ausgabe: 4/17
Deutschland: € 6,90 Österreich: € 7,90 Schweiz: CHF 13,50
unerzogen
unerzogen
Kindheit
Was ist das eigentlich?
Heinz Hengst
Wie gestaltet sich Kindheit heute aus soziologischer Sicht?
Bernd Hainmüller
Ein Blick auf die Geschichte und die »Entdeckung« der Kindheit.
Robin Grille
Wie eine lautlose Epidemie erwischen Schuldgefühle die meisten Eltern.
www.unerzogen-magazin.de
ISSN 1865-0872

ISBN: 978-3-937797-65-6
310 Seiten, 19,90 EUR [D]

Roundspeak Meetings

Wie effektive Meetings gelingen – Ein Handbuch

von: Bas Rosenbrand

Eine praktische Anleitung zum Schaffen effektiver Meetings mit aktivem Zuhören, konstruktiven Problemlösungen und klaren Entscheidungen. Die Methode Roundspeak basiert auf 14 Jahren Erfahrung in der Arbeit mit verschiedenen Teams.

www.tologo.de/roundspeak-meetings

ISBN: 978-3-937797-56-4
207 Seiten, 19,90 EUR [D]

Das vegane Breifrei Kochbuch

Kochen für die Kleinen – Lecker für die ganze Familie

von: Tanja Weisenbach

Viele breifreie, vegane Gerichte mit gängigen Zutaten und allen nötigen Nährstoffen, die sich auch im geschäftigen Alltag mit Kleinkind und Familie schnell und einfach zubereiten lassen. Schmecken der ganzen Familie!

www.tologo.de/das-vegane-breifrei-kochbuch

ISBN: 978-3-937797-68-7
322 Seiten, 17,90 EUR [D]

Dich durch mein Herz sehen

Gewaltfreie Kommunikation für Eltern

von: Hanna Brodersen

Dieses Buch präsentiert die theoretischen Grundlagen der Gewaltfreien Kommunikation und viele Übungen, die Eltern unterstützen, eine einfühlsame Verbindung zu ihren Kindern aufzubauen.

www.tologo.de/dich-durch-mein-herz-sehen

www.tologo.de